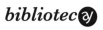

Biblioteca Âyiné 26
O complô no poder
Il complotto al potere
Donatella Di Cesare

© Giulio Einaudi editore, 2021
© Editora Âyiné, 2022
Todos os direitos reservados

Tradução Cezar Tridapalli
Preparação Valentina Cantori
Revisão Andrea Stahel, Paulo Sergio Fernandes
Imagem de capa Julia Geiser
Projeto gráfico Renata de Oliveira Sampaio
Produção gráfica Clarice G Lacerda
ISBN 978-65-5998-016-1

Âyiné

Direção editorial Pedro Fonseca
Coordenação editorial Luísa Rabello
Coordenação de comunicação Clara Dias
Assistente de comunicação Ana Carolina Romero
Assistente de design Lila Bittencourt
Conselho editorial Simone Cristoforetti, Zuane Fabbris,
Lucas Mendes

Praça Carlos Chagas, 49 — 2º andar
30170-140 Belo Horizonte, MG
+55 31 3291-4164
www.ayine.com.br
info@ayine.com.br

O complô no poder
Donatella Di Cesare

Tradução de Cezar Tridapalli

Âyiné

7	Quem comanda as marionetes? Nas profundezas da intriga
15	A política e o seu reino de sombras
21	A ilegibilidade do mundo
25	Enigmas e mal-entendidos
35	O dispositivo do complô
41	Democracia e poder
47	A causa de todos os nossos males
55	Famintos por mitos
63	O cemitério de Praga: o arquicenário do complô
73	Os porta-vozes do engodo
79	Ressentimento soberano
87	A Nova Ordem Mundial
97	A «Grande Substituição» e os patriotas do QAnon
107	O gosto extremo do apocalipse. Aqueles inimigos cósmicos

119	Populismo e complotismo
125	A condição de vítima e a impotência política
131	Heresia complotista? Uma crítica a Eco
139	Transparência e segredo. Sobre a imprensa
151	Elogio da suspeita
157	Para além do anticomplotismo
165	Bibliografia

QUEM COMANDA AS MARIONETES?
NAS PROFUNDEZAS DA INTRIGA

P oucos caracteres — e a mensagem lançada no Twitter se espalha, rápida e inapagável, pelo espaço planetário da rede. Os seguidores retweetam, os simpatizantes repercutem. O tweet, inofensivo à primeira vista, exprime uma dúvida, levanta uma questão. «#5G Proteger-se das ondas maléficas e dos sinais danosos», «#Bigpharma A quem interessa a vacinação em massa?». As contestações acompanham o tweet, as réplicas o perseguem em vão, enquanto a suspeita se insinua e o medo se espalha. Não é mais necessária uma narrativa; bastam poucos caracteres para propagar as vozes do complô.

No século XXI, o fenômeno assumiu proporções tamanhas que se fala cada vez mais de uma idade de ouro do complotismo. Não há um acontecimento inesperado que não provoque um tremor de desconfiança: desastres ambientais, ataques terroristas, migrações imparáveis, colapsos econômicos, conflitos explosivos, reviravoltas políticas. Entre estupor e indignação, explode o pânico, cresce a febre complotista. O que há por trás? Quem puxa as cordinhas das marionetes? Quem urdiu essa trama? Procuram-se os culpados pelas catástrofes, pela pobreza, pelas guerras, desigualdades, mas também pelos inúmeros abusos e injustiças, pela falta de ética, pelo mal-estar generalizado, pela infinita perda de sentido.

O complotismo é a reação imediata à complexidade. É o atalho, o caminho mais simples e rápido para fazer vir à tona um mundo atualmente ilegível. Quem recorre ao complô não suporta o desassossego, a questão em aberto. Não tolera habitar uma paisagem mutável e instável, não aceita a estranheza. Mostra-se incapaz de se reconhecer, junto com os outros, exposto e vulnerável, desprotegido, mas por isso mais livre e mais responsável.

Desvendar, desmascarar, desmistificar — a onipotência explicativa do complô não deixa para trás mistérios sem solução ou enigmas indecifrados. O que não encontrava resposta explica-se, enfim, graças à evidência do complô. Eis a solução. No mundo saído da sombra, é possível distinguir nitidamente branco e preto, claro e escuro, bem e mal. O prisma do complô restitui um reconfortante cenário rigidamente maniqueísta.

Por isso, seria um erro considerá-lo uma bizarrice isolada, um modismo da subcultura, o resíduo de uma mentalidade pré-lógica ou uma obstinada superstição. O complotismo não é uma regurgitação do passado que não passa, o retorno de um velho fantasma cujo desaparecimento esperamos confiantes. Nisso ele mostra afinidade com fenômenos estritamente correlatos, como o negacionismo, o antissemitismo, o racismo. Pode-se dizer, aliás, que esse prisma seja espelho do tempo. Se as narrativas complotistas logram um enorme sucesso, se influenciam profundamente a opinião pública, é porque compartilham demandas atuais e mobilizam aspirações comuns.

Fenômeno das margens, mas de modo algum marginal, o complotismo abraça aqueles que se sentem vítimas do caos presente e do futuro aflitivo, condenados a uma frustrante impotência, reduzidos a simples figurantes nos «jogos da política». Por isso, a tentação complotista, se antes era amadora, agora ganha dimensões de massa e aparece cada vez mais uma forma ordinária de ser, de pensar, de agir.

O grande número de estudos sobre o assunto, os *conspiracy studies*, que se multiplicaram nos últimos anos, retomam as pesquisas iniciadas no século passado, a fim de desenvolvê-las e integrá-las.[1] A elaboração é influenciada pelo atual julgamento negativo e a postura vai da ironia jocosa até a reprovação mais severa. As linhas interpretativas são principalmente duas: o complotismo é visto como patologia psíquica ou como anomalia lógica. No primeiro caso, buscam-se os recantos obscuros da mente, onde uma

---

1 Entre os nomes dos pioneiros podemos recordar particularmente os de Norman Cohn, Leo Löwenthal, Richard Hofstadter, Serge Moscovici, Raoul Girardet, Léon Poliakov.

turminha de neurônios microscópicos, sempre prontos a tramar complôs, armaria infinitas arapucas para o pensamento, impelindo-o a obedecer a uma disposição inata e perigosa, capaz de se corromper.[2] No segundo, ao contrário, chega-se à lógica dos enunciados complotistas, ou seja, às proposições falsas e alteradas, enfim, às *fake news* que se propagam na época da «pós-verdade».[3] Em ambos os casos, prevalece uma abordagem normativa. O suposto complotista deveria começar uma reeducação cognitiva, para corrigir as distorções do seu raciocínio. De outro modo, seria preciso submeter os seus enunciados à prática do *debunking*, isto é, à confutação que coloca em evidência as suas ilogicidade e falsidade. Apesar de todo o esforço, porém, nenhuma das duas terapias funciona, enquanto a onda complotista aumenta.

Ou delírios ou mentiras. Uma estigmatização assim, além de ineficaz, é contraproducente. Como sempre, a punição policialesca do pensamento e a denúncia inquisitorial de pouco servem. Há algum tempo vem se afirmando uma vulgata anticomplotista que, reclamando para si a posse da verdade,

---

2 Cf., por exemplo, R. Brotherton, *Menti sospettose. Perché siamo tutti complottisti* [2015]. Turim: Bollati Boringhieri, 2017.

3 Cf. M. Butter, *«Nichts ist, wie es scheint». Über Verschwörungs-theorien*. Frankfurt am Main: Suhrkamp, 2018.

ridiculariza e deslegitima as teorias vistas como desviantes, irracionais, nocivas. Mas essa abordagem polêmica e patologizante, que desqualifica toda a crítica às instituições, só confirma o jogo entre as partes e agrava uma fratura cada vez mais profunda: de um lado quem, tachado de complotista, reivindica ser antissistema, de outro quem, recorrendo aos cânones da própria razão, é acusado de sustentar a ideologia dominante. Em resumo: o anticomplotismo simplista corre o risco de favorecer a disparidade entre «verdade oficial» e «verdade escondida», impedindo a compreensão de um fenômeno complexo e multifacetado.

O complotismo não é uma cãibra mental nem um argumento falacioso, mas sim um problema político. Não diz tanto respeito à verdade quanto ao poder. E é estranho que, apesar da ampla reflexão, não tenha sido colocado em foco o núcleo decisivo: aquele que liga complô e poder.

Quem contesta a versão oficial tem por objetivo atacar aqueles que detêm saber e poder. A desconfiança em relação à política, às instituições, às mídias, aos especialistas, torna-se desaprovação sistemática e suspeita sem fim. Se sob o céu poluído da globalização os acontecimentos catastróficos se multiplicam, se o mundo parece condenado a um caos incessante, é por causa da «casta», da «oligarquia», do «mercado financeiro internacional». É preciso aguçar o olhar e desmascarar os planos ocultos da «Nova Ordem Mundial». Que tipo de revolta poderia haver contra um poder sem rosto? A admissão tácita dessa impotência anda junto com um ressentimento sombrio, uma raiva explosiva e a exigência improrrogável de decifrar esse Complô do poder. Na galeria de espelhos do complotismo são, de fato, sempre os outros que tramam um complô, e quem os acusa não queria outra coisa a não ser se defender. As «potências ocultas», os «poderes fortes», são postos em causa por uma teoria política que vê a governança como complô e que por isso se volta para uma estratégia e uma prática de contrapoder, entendido necessariamente como contracomplô. Os «fracos» não teriam outra forma de resistência contra os «donos do mundo».

O complotismo expressa um mal-estar difuso, manifesta um desconforto profundo. Não é um mero sinal de obscurantismo, mas é um sinal obscuro. Revela a crise que agita a democracia contemporânea. Quantas promessas não cumpridas! Quantas esperanças traídas! O que mais significa essa palavra senão o «governo do povo», há tempos tão esperado? No entanto, como em uma pegadinha triste, o povo soberano não se sente soberano de verdade. O poder parece escapar, ameaçado por aquele incontrolável do Complô. Não é apenas uma suspeita. O poder democrático parece ilusório. Mudam os governos, alternam-se os partidos, mas nada realmente muda. Resta o «Estado profundo», esse poder institucional que se mantém intacto e se perpetua graças a castas, lobbies, bancos, dinastias, grupos midiáticos. Eis os que mantêm mais ou menos secretamente o controle das coisas, eis o fundamento e o princípio do verdadeiro poder!

Mas deveria dar o que pensar o fato de que recentemente tenham sido presidentes e chefes de governo os que apontaram o dedo contra o *Deep State* e gritaram «complô!». Não se trata apenas de um expediente para se eximir de qualquer responsabilidade de governo, e nem apenas de uma ação de defesa geopolítica. O «Estado profundo» torna-se a palavra-chave para confirmar dissimuladamente o tormento em que o entusiasmo democrático se precipitou. Insinua-se que a democracia esteja esvaziada de qualquer valor, que, aliás, não passe de uma «farsa». A dúvida complotista converge aqui para uma certa visão populista da soberania do povo reduzida a simulacro dos «poderes fortes».

É possível que a democracia seja apenas o que aparenta ser? O espaço vazio do poder democrático parece de fato demasiado vazio. E o complô restaura a ideia arcaica de um poder absoluto, incompatível com a democracia. Mas talvez o complô seja justamente a máscara do poder em tempos de poder sem rosto. É preciso, então, desmascarar antes esse dispositivo arcaico que nos leva a criar a hipótese de uma *arché*, um princípio e uma ordem, que a democracia já deveria ter destituído há muito tempo.

A POLÍTICA E O SEU REINO
DE SOMBRAS

São milhões no mundo todo que acreditam que os políticos não passam de marionetes nas mãos de forças ocultas. Nem tudo é como parece. Por trás da realidade aparente e enganosa mora uma outra mais autêntica e verdadeira. Esse desdobramento da realidade, essa dicotomia entre externo e interno, superfície e profundidade, que remete quase ao mito platônico da caverna, caracteriza a metafísica política contemporânea.

Se quem se move nesse reino de sombras que se passa por realidade são fantoches manipulados, simulacros ilusórios, é preciso se perguntar onde se escondem os manipuladores. Quem está por trás? Quem governa os governantes? Quem puxa as cordinhas?

Essas perguntas, que já aludem abertamente ao complô, endereçam a suspeita sobre o lugar do poder e o fundamento da autoridade. Mas é principalmente uma questão de saber quem realmente o detém. São talvez os que exercem um mandato jurídico que seriam então convocados a se encarregar disso? Ou outras instâncias, que por baixo dos panos têm uma margem de manobra bem mais ampla, a cujas consequências não precisam responder?

Enquanto a realidade se duplica, aparece o fosso entre o poder oficial e o poder oficioso, reconhecido mas fictício, ilegítimo mas efetivo. Por trás da fachada da realidade aparente, com as suas hierarquias, as suas relações e os seus princípios, onde o olhar ingênuo pararia, dissimula-se uma outra realidade mais real e ameaçadora, habitada por um poder de que ninguém haveria suspeitado a existência, ou sequer a possibilidade. É aqui que se movem indivíduos e grupos que se mantêm coesos por vínculos familiares, relações pessoais, interesses econômicos, aspirações políticas. Uma convivência assim, que não tem expressão jurídica, é um apoiar-se e um favorecer-se — os olhos baixos que consentem — no exercício do poder. Nessa penumbra, em meio a tramas, redes e ligações, o complô opera.

Que forças governam a nação? Quais dirigem o mercado? Que rosto têm os donos do mundo? Quem determina o curso da história? Procuram-se os responsáveis pelas inumeráveis tramas: banqueiros, mercado financeiro, capitalistas, ou anarquistas, subversivos, terroristas, ou ainda judeus, internacionalistas, cosmopolitas, potências estrangeiras — as conjecturas são diversas.

O certo é que o complotismo triunfa e, longe de ser uma questão de nicho, aparece como um fenômeno global, que tem dimensões de massa. As narrativas complotistas já estão implantadas no espaço público. Não podem ser vistas, segundo um velho estereótipo, como uma bizarrice de segmentos extremos. Em vez disso, constituem o caleidoscópio por meio do qual os acontecimentos do mundo são lidos pela maioria. Ninguém parece escapar.

A história é longa e os exemplos são inúmeros. O mais emblemático, se olharmos para um passado recente, foi e é o assassinato de John Fitzgerald Kennedy: a grande maioria não acredita na «versão oficial» e adere à hipótese do complô. Oswald não pode ter sido o único a disparar. Teriam contribuído a Ku Klux Klan, a máfia, a CIA. A agência central de inteligência, expressão maligna do poder americano, é há muito tempo o culpado ideal; sua sigla representa o selo com que se fecha, ao menos provisoriamente, toda a investigação. Em alguns casos o tempo não ajuda a dissipar as dúvidas. Assim são cada vez mais, em todo o mundo, os que acham que os ataques do 11 de setembro foram o resultado de um «inside job» bem programado, com envolvimento direto do governo americano. A lista dos complôs poderia continuar. O pouso na lua da Apollo 11 foi filmado em um estúdio de televisão; a mudança climática é uma farsa dos cientistas; Obama é um muçulmano socialista vindo do Quênia; George Soros lidera o plano Kalergi para a «substituição étnica» dos povos europeus; o coronavírus Sars-Cov-2, desenvolvido no Instituto de Virologia de Wuhan, é uma arma biológica de fabricação chinesa; as vacinas são por sua vez expedientes perigosos porque provocam doenças como o autismo. As tramas da Big

Pharma são fonte contínua de angústia, enquanto as estruturas obscuras da «Nova Ordem Mundial» geram apreensão.

Indícios de complô estão por toda a parte, no ar que se respira, envenenado por rastros químicos, na água que se bebe, corrigida pelos fluoretos, na terra irremediavelmente poluída. E há um complô ainda a ser descoberto também para os vestígios e indícios que permanecem indecifrados tanto no passado quanto no futuro. Aquilo em que geralmente se crê não passa de uma mentira, enquanto a verdade está em outro lugar. É preciso enfim reler inclusive a história, para desmascarar os complôs que ainda vigoram. E a melhor forma alcançada para despistar — é sabido — continua sendo o grande «mito», segundo o qual Adolf Hitler teria matado seis milhões de judeus.

O complotismo se estende desde a direita mais extrema até a esquerda mais improvável. Mas, indo além da vida política, é difícil encontrar um ambiente imune ao contágio do complô: da governança econômica às questões sanitárias, do contexto científico ao universo eclesiástico, para não falar da história. A enorme difusão do complotismo, facilitada também pela proliferação das *fake news*, é atestada por livros, ensaios, artigos, filmes, séries televisivas, documentários históricos, investigações jornalísticas, onde não raro mesmo as análises mais atentas acabam por misturar ficção com realidade. A indústria do complô pode se orgulhar de sucessos planetários, como a série *Matrix*, muito comentada, ou o *Arquivo-X, nas fronteiras do real*, mas também best-sellers como *O código Da Vinci*, de Dan Brown, que recorre a velhos estereótipos antissemitas edulcorando-os em uma saga. O interesse pelos temas complotistas ultrapassa, portanto, as fronteiras da conspícua literatura de gênero, isto é, há tantos livros que fornecem provas e contraprovas sobre acontecimentos únicos quanto coletâneas com os complôs mais famosos.[4] Pode-se explicar essa disseminação por um verdadeiro jogo de espelhos, um efeito circular, favorecido pela multiplicação das mídias e pela abertura do espaço ilimitado da web, onde as ideias complotistas se propagam como fogo em pólvora. Está aí o reino do niilismo midiático, onde todos acreditam em qualquer coisa e ninguém acredita mais em nada.

---

4   Para um panorama a respeito, cf. J. Byford, *Conspiracy Theories. A critical Introduction* [2011]. Nova York: Palgrave Macmillan, 2015; e P.-A. Taguieff, *Les théories du complot*. Paris: Que sais-je?, 2021.

A ILEGIBILIDADE DO MUNDO

Há tempos o espaço planetário oferece o espetáculo de um caos perturbador. Convulsões profundas, mutações velozes, acontecimentos imprevistos pontuam o ritmo acelerado de uma época que, enquanto prometia ser clara e distinta, até transparente, aparece, em vez disso, em toda a sua escandalosa opacidade.

O mundo englobado no capital, caracterizado pelo endividamento desmedido e pelas desigualdades abissais, é um cenário instável e confuso, atravessado por acessos de raiva, movido por uma hostilidade generalizada. A paz fantasmática descamba para uma guerra endêmica, o amigo não se distingue mais do inimigo, todo rosto se assemelha a uma máscara e tudo parece acontecer sob uma falsa bandeira.

É a era da incerteza. Aumenta o medo dos riscos que se multiplicam, cresce a ansiedade diante dos acontecimentos incompreensíveis que ameaçam alterar o curso da história, intensifica-se a angústia diante dos sinais que anunciam uma catástrofe. A confiança vacila. O estupor inicial dá lugar a uma fria indignação. O que acontece desafia toda a compreensão em seu insuportável absurdo.

O mundo aparece ilegível. Sua gramática é abstrusa, sua sintaxe é fugidia. Como se não fosse mais possível recuperar as conexões internas, as ligações que antes pareciam unir o todo. O mítico fio secular, aquele que Ariadne havia dado a Teseu para se orientar no labirinto, desgastou-se — ou melhor, rompeu-se para sempre. Mas o drama contemporâneo tem um caráter paradoxal, pois Teseu não reconhece mais os vestígios que deixou atrás de si. Quase como se, depois de um longo vagar, o caminho tivesse se tornado de tal forma complexo que dificilmente poderia ser recuperado. Não é mais a natureza que é impenetrável, mas é a história humana que se torna enigmática.

Isso acontece justamente no auge da globalização, quando o mundo, conquistado, antropizado, tecnicizado, está disponível, ao alcance da mão. O sujeito humano o contemplou diante de si e forjou a própria visão do mundo, acreditando reconhecer a si mesmo e a sua história.

Mas de repente esse sujeito que se considerava dono do mundo, centro privilegiado do sistema, diretor da trama, não se orienta mais. Está perdido. As conexões vacilam. A visão se desagrega. O projetista suspeita estar sendo projetado. O manobrista se sente manobrado.

O grande Livro da História agora é um texto indecifrável. A legibilidade do mundo, sobre a qual tantos filósofos, de Vico a Blumenberg, insistiram, parece apenas uma miragem. Não conseguimos mais ler o que nós mesmos escrevemos. A deterioração, o desgaste, a simulação e o engano atrapalham a leitura, impedem a exegese. Não se trata da inevitável variedade de interpretações. As páginas do mundo se embaralharam. Ele não avança mais, a partir dessa edição compartilhada, para uma direção compartilhada de sentido.

Rompeu-se o fio narrativo, destruiu-se a trama. Não resta nada além de um enredo difícil de desvendar. E, mesmo assim, devem ser encontrados os nós que ainda mantêm a costura do tecido, as ligações recônditas que unem o todo. Bastará, então, procurá-los.

O mundo tem um lado oculto, um retromundo, um reino secreto, onde pululam atividades clandestinas e operações veladas, onde planos são arquitetados, onde se manipulam informações, controlam-se pensamentos, forjam-se convicções. É ali, naquela maquinação oculta, que se controlam firmemente os fios da trama que, vista de fora, parece desfiada. Parece, mas não é. Como por magia, o mundo saído da sombra parece iluminado por um inédito clarão. Tudo finalmente toma forma. Tudo tem novamente um fundamento sólido e uma causa precisa. O claro-escuro da desordem global é abandonado para devolver aquela obscuridade às «forças sombrias» que operam no retromundo. Tudo se torna legível pela perspectiva do complô.

O mundo caótico assume de repente contornos firmes e precisos. É possível costurar novamente o tecido da narrativa, restaurar a ordem da interpretação. Reencontram uma direção mesmo aqueles que consideravam a própria vida excluída, apartada, tão injustamente relegada ao esquecimento, tão terrivelmente desligada da vida do mundo, para quem não eram nada mais do que um episódio efêmero. A ideia do complô reestabelece um nexo, ainda que imaginário, com outras vidas e com a História. Eis, portanto, como gerir o futuro, sem comprometer seu desenvolvimento linear. Desse modo, é até possível restituir um sentido global aos acontecimentos.

Os complotistas são nostálgicos da legibilidade. Alimentam a ilusão de explicar tudo, conservam o sonho de uma completa inteligibilidade da História. Não se conformam em ser espelhos fragmentários de limitada compreensão. Para eles, permanece válida a presunção do homem iluminado que, elevando-se à condição de espelho do passado, acredita ler o movimento que se desdobra em direção ao futuro, o progresso na consciência da liberdade, na qual Hegel situou a marcha da História. Em seu irracional desejo de racionalidade, mantêm essa direção e cultivam a miragem da total transparência. Só que, sem mais esperança de um outro céu, perscrutam as trevas, indagam os meandros da História, para encontrar os caminhos diabólicos do Mal que ainda deve ser derrotado e expiado.

ENIGMAS E MAL-ENTENDIDOS

É comum encontrarmos o termo «complô» como sinônimo de «conjura» ou «conspiração». Quase como se fossem equivalentes apenas pelo fio de segredo que os une e pela ideia de maquinação e intriga que subjaz aos termos. O cenário é aquele animado por lutas de poder que se dão na sombra, protegidas de olhares indiscretos. Mas se jogarmos uma luz nas diferenças, olhando para épocas históricas distantes e configurações políticas diversas, é possível esclarecer a peculiaridade de cada termo.

Na base da conjura está o juramento, o pacto solene de confidencialidade e fidelidade, o vínculo que liga os protagonistas, um grupo restrito de indivíduos resolutos e prontos para o que for. É isso que indica o latim *coniurare*, constituído do prefixo *cum*, que remete a aliança, e do verbo *iurare* que, mesmo que venha de *ius*, *iuris*, não implica uma união segundo o direito, mas se refere principalmente ao juramento privado. De Tucídides a Heródoto, de Plutarco a Tácito, de Suetônio a Salústio, a conjura goza de uma larga tradição no mundo antigo, como testemunha a vastíssima literatura. A *coniuratio* latina é o equivalente do grego *sunomosía*. Nada causa mais temor na cidade — nem mesmo a revolta ou a guerra civil. Porque a conjura faz brotar logo o seu potencial eversivo. A figura do conjurado, para além dos seus planos, compromete e ultrapassa, ainda que apenas simbolicamente, o juramento sobre o qual a *pólis* se funda. Abre-se já o estado de exceção. Jura-se em conjunto, criando um vínculo alternativo, especular ao poder constituído. Ligados pelo pacto secreto, pela profissão de palavras que têm um valor jurídico-sacramental, os conjurados formam um grupo em si, uma facção, um consórcio.[5]

Ao longo dos séculos, a conjura conserva as características peculiares de uma forma de luta política que, embora justificada por ideais nobres, não hesita em lançar mão da violência para desbaratar o poder. Entre punhais e venenos, cumpre-se, com o assassinato do tirano, a eliminação do poderoso da vez, o golpe, a insurreição, a restauração do governo legítimo, o retorno à liberdade. Ao participar de uma empreitada implacável e arriscada, os conjurados sabem que sacrificam a própria vida. O recurso a uma violência sacrificial, purificadora e fundante, capaz de inaugurar uma ordem outra, uma nova soberania, encontra então com frequência legitimidade em um espaço e em um tempo consagrados. É nos corredores

---

5   Cf. P Prodi, *Il sacramento del potere. Il giuramento politico nella storia costituzionale dell'Occidente*. Bolonha: il Mulino, 1992.

escuros do palácio real, na penumbra reservada da igreja, que os sicários agem, na maioria das vezes durante uma celebração litúrgica ou durante uma ocasião festiva. Assim, naquele recinto sagrado, o réu se autoabsolve e enobrece o gesto nefando. Ato extremo de libertação, a conjura pode por sua vez tornar-se um evento festivo.

Talvez ninguém mais do que Maquiavel tenha examinado com profundidade e desencanto os recônditos da conjura, que com ele se eleva a categoria política. Basta recordar os *Discursos sobre a primeira década de Tito Lívio*, que tem uma parte (livro III, capítulo VI) publicada em Paris, em 1575, com o título *Traité des conjurations*. Na complexa fenomenologia que emerge dos seus escritos, a conjura é tão perversa e temerária quanto digna de consideração, pois é um ato político que, mesmo que muitas vezes fadado ao fracasso, pode exercer influência sobre os equilíbrios de poder. Para Maquiavel, envolvido inclusive em primeira pessoa — por exemplo, em uma ação contra os Médici —, a conjura, um gesto dramático que já teatraliza a política, exaspera o conflito pondo em causa o povo.

E na verdade os conjurados acabam por vir à tona: têm um nome, um rosto, são indivíduos de carne e osso, protagonistas de acontecimentos históricos precisos. Da mesma forma concreto, representado pela figura do príncipe ou do soberano, está o poder a que se aspira, que se deseja derrubar, substituir, conquistar. Seria possível dizer que é o próprio Maquiavel quem assinala um divisor de águas entre o cenário moderno da conjura e o mais contemporâneo do complô, entre um poder fisicamente bem identificável e uma metafísica do poder. Não é por acaso que no contexto democrático não se fale quase nunca de conjura, solene e áulica, sempre mais relegada ao passado.

O complô deveria ser diferenciado também da conspiração, embora a influência do inglês nos leve a usar os termos como equivalentes. Por outro lado, a *conspiracy* é uma acusação real em diversas esferas. No entanto, mesmo neste caso, as diferenças não podem ser negligenciadas. O vocabulário é aquele da luta política e o campo semântico está articulado a partir do latim. A palavra *conspiratio* vem de *cum* e *spirare*, que literalmente quer dizer respirar junto, em sintonia e em acordo. Mas aqui não há juramento, nem vínculo sagrado. Cochicha-se secretamente ao vizinho, bisbilhota-se com o companheiro, orquestra-se em voz baixa uma ação compartilhada contra o poder constituído, o Estado, as instituições. Mantendo-se unida por uma inspiração comum, a conspiração pode inclusive tornar-se revolta. Dicionários e léxicos não se furtam a sublinhar seu caráter subversivo.

A confirmação vem do substantivo «conspirador», sinônimo de revolucionário. O sigilo da sua conduta é ditado pelo poder repressivo, que não deve ser confrontado abertamente. O conspirador de hoje é o insurgente de amanhã. A sua ação é ilegal, mas não ilegítima. Por isso espera ser julgado pela posteridade. Essa figura dos séculos XIX-XX, de contornos muitas vezes lendários, que alimentou décadas de literatura, não foi condenada pela história. Não há nada de abjeto, indigno ou desprezível em ser um conspirador. Basta pensar nos carbonários, nos adeptos das sociedades secretas, na maioria das vezes de tendência democrática, que no contexto europeu lutavam contra os regimes monárquicos. Serve de exemplo Filippo Buonarroti, o revolucionário italiano, tornado depois cidadão francês, amigo de Gracco Babeuf, fiel aos ideais igualitário-comunistas, incansável artífice de inúmeras revoltas, símbolo do conspirador. A ele se deve a famosa obra *Cospirazione per l'uguaglianza*, de 1828, em que, após a condenação à morte de Babeuf, reconstruindo os acontecimentos daquela revolta descoberta e denunciada antecipadamente, reivindica a palavra «conspiração».[6]

Claro, nada impede que na penumbra, onde se movem sonhadores, revolucionários, anarquistas, agentes secretos, naquele «mundo que nunca houve», como o chamou

---

6   Cf. F. Buonarroti, *Cospirazione per l'uguaglianza detta di Babeuf.* Introdução e tradução de G. Manacorda. Turim: Einaudi, 1974, p. 4.

no seu fascinante livro Alex Butterworth, os limites se esfumem e os papéis se invertam.[7]

Mas o que é então um complô? Como defini-lo? Que conceito propor? Os cultuadores e entusiastas das definições ficarão desapontados. Só a tentativa de captar de uma vez por todas a essência do «complô», que é fugaz e se dissimula, já está destinado a permanecer insatisfatório.[8]

Talvez a etimologia, como em outros casos, pudesse nos ajudar. Não fosse o fato de que na origem esconde-se mais de um enigma. O certo é que a palavra *complot* circulava no francês antigo, no final do século XII, com o valor de «multidão compacta». Por isso, em uma forma feminina, agora esquecida, devia indicar reunião, massa indistinta, junção — como uma tropa durante a batalha. No limiar da modernidade, *complot* migrou do francês para outras línguas: italiano, espanhol, alemão, sueco, português, etc. E nessa passagem o significado mais

---

7   Cf. A. Butterworth, *Il mondo che non fu mai. Una storia vera di sognatori, cospiratori, anarchici e agenti segreti* [2010]. Turim: Einaudi, 2011.

8   Quem demonstrou isso foi Luc Boltanski, desconstruindo em seu livro definições bem estabelecidas, como a proposta por Peter Knight: L. Boltanski, *Énigmes et complots. Une enquête à propos d'enquêtes.* Paris: Gallimard, 2021, pp. 283-87; P. Knight, *Making Sense of Conspiracy Theories,* em Id. (org.), *Conspiracy Theories in American History. An Encyclopedia,* 2 volumes. Santa Barbara (CA): ABC-Clio, 2003, vol. I, p. 15.

concreto foi deixando aos poucos o lugar para um mais abstrato, de «inteligência comum a mais pessoas». Da massa compacta para o acordo, da união indistinta para o entendimento, da coesão dos corpos para a união das mentes.

Mais ambíguos e aleatórios são outros indícios. Por exemplo, o de uma assonância com *comploit*, do latim *complex*, cúmplice, ou de *cum-plicare*, envolver, manter junto. Mas há também quem viu em complô o diminutivo de *comble*, pleno, cheio, abarrotado, do latim *cumulus*, que não quer dizer apenas acumulado, mas também punhado ou monte de gente. Um ou outro etimologista foi levado, por fim, a imaginar um verbo *com-peloter*: complô derivaria do jogo da pelota, chamado assim por causa da bola formada por fios de corda fortemente entrelaçados e recobertos por um invólucro. Muitas características do complô, da inextricabilidade dos fios até a cobertura externa, se repetem nessa versão fantasiosa, desprovida de evidências.

Bem mais confiável e interessante é a pista do inglês, língua em que *complot* chega e se encontra com o verbo *to plot*, traçar um plano, delinear um diagrama. Pode-se então intuir facilmente a superposição e a sinergia entre os dois termos: um complô será cada vez mais a união em vista de um projeto, um esquema. Aliás, ele é esse próprio plano secreto, essa maquinação. O valor figurado torna-se preponderante, tanto é que *plot* quer dizer enredo, trama de uma narrativa. Do contexto bélico original, o complô transita para o narrativo, onde se estabelece, sem nunca abandonar a acepção política.

Se na conjura existem rostos e nomes, em geral que passaram para a história, no complô há uma massa compacta e indistinta, uma coletividade cujos indivíduos permanecem desconhecidos, um conjunto sem nome, um agregado sem rosto. O complô é essa entidade vaga e nebulosa, opaca e fugidia. Não existe juramento nem promessa solene, nem mesmo inspiração ou aspiração comuns. Nada que remeta a um acordo explícito. Apenas uma contextura densa, um emaranhado obscuro, em que mal se consegue adivinhar a filigrana de uma trama. O mistério paira sobre a intriga, o enigma o permeia e o mantém unido. Aquela «inteligência» superior e escondida é de tal forma impessoal que dá a impressão de ser uma inquietante engrenagem autônoma.

Eis, portanto, o Complô, ou melhor, o Poder. Esse *é* de fato o modo como, no mundo contemporâneo, *é* representado o poder sem rosto e sem nome, que domina sempre e em toda a parte, que em nenhum instante e em nenhum lugar *é* apreensível, rede de comandos automáticos, oculto prisma hierárquico, dispositivo tecno-midiático que governa em escala planetária.

Para aqueles que ficaram privados das forças subversivas dos idos tempos, confusos e desorientados por sombra e névoa, o complô se apresenta do outro lado da barricada.

Não conspiram mais, não têm por alvo as autoridades constituídas. Para esses potenciais complotistas, lutar contra o «poder oculto» exercido por refinados maestros ou meros executores, significa desmascará-lo, procurar na intriga, apesar de tudo, um nome e um rosto.

O complotismo, portanto, não deixa o «complô» incólume; intensifica e expande seu sentido.[9] Acresce-o de um agravante: o complô torna-se global e permanente.

Ainda mais enganadora é a fórmula «teorias do complô», já existente há algumas décadas, que se revelou fonte de inúmeros mal-entendidos. Trata-se evidentemente da tradução do inglês *conspiracy theories*, introduzida por Karl Popper no livro de 1945, *A sociedade aberta e os seus inimigos*, mas atestada pelo Oxford Dictionary em 1909 e circulando já desde 1870.[10] É quase inútil ressaltar que «teoria», longe de ter o rigor e a seriedade do modelo científico, tem aqui um valor depreciativo e designa uma hipótese fantasiosa, um simples boato, uma crença supersticiosa, uma pseudoexplicação

---

9 Se os complotistas há muito já encontraram cidadania nos dicionários, o complotismo, nome do novo fenômeno, abre caminho lentamente, não sem dificuldade também por causa da definição.

10 Cf. H. Maudsley e J. Sibbald (orgs.), *The Journal of Mental Science*. Londres: Authority of the Medico-Psycological Association, 1870, vol. XVI, n. 73, parte IV, p. 41.

desprovida de fundamento. Dessa forma, porém, além de se assumir um caráter censurador, cedendo a um superficial e ilusório anticomplotismo, comete-se o grave erro estratégico de reconduzir as «teorias do complô» aos critérios do verdadeiro e do falso. Assim, não apenas se perde de vista o problema, mas se acaba em um beco sem saída. A veleidade de encontrar o critério objetivo para discernir e distinguir só tem efeitos deletérios. O complotismo não pode ser medido, nem julgado — ou liquidado. Ele não se reduz a hipóteses teóricas e por isso escapa da dicotomia entre verdade e falsidade. Além disso, a ausência de provas é considerada por sua vez uma prova irrefutável. O que para um é fantasia complotista pode ser para outro obra de um complô mais do que real. Seria preferível falar então de «narrativas complotistas», uma fórmula que responde a algumas características do complotismo, no meio do caminho entre a escritura da história e o desenvolvimento da ficção. É preciso, portanto, abandonar toda mania de definição para se interrogar sobre o fenômeno na sua atual complexidade.

O DISPOSITIVO DO COMPLÔ

Muitas vezes o complô é visto de fora e de modo instrumental. Em algum lugar um complô está ocorrendo. Ou já ocorreu e poderia se repetir. Por isso ele é entendido, de acordo com as avaliações, como uma superstição, uma patologia, uma mentira, um veneno.

Talvez fosse necessário, enfim, uma mudança de perspectiva para considerá-lo a partir do seu interior. Desse modo o complô ganha extensão e gravidade. É por isso que aparece sobretudo a forma política que permanece na era do eclipse da política. Não se trata de uma forma qualquer, mas sim de um «dispositivo», no sentido como a filosofia elaborou esse conceito refletindo sobre a técnica. O complô não é um simples instrumento de que o poder se serve, um entre outros. É acima de tudo o dispositivo em que o poder se articula, é exercido e se dissimula. É a máscara do poder no tempo do poder sem rosto.

Justamente porque é um enredo de dupla face, o complô responde a esse desdobramento da realidade que caracteriza a política contemporânea na sua metafísica profunda. Nunca como agora, de fato, a realidade parece tão rigidamente programada e planificada, ao ponto de ser totalmente previsível. Nunca como agora se revela tão frágil e inconsistente, ao ponto de suscitar uma inquietação sem precedentes.

Dado que o valor metafórico nunca falhou, quando se fala de complô imagina-se uma trama, uma rede de ligações, uma urdidura que pode ser expandida. O certo é que justamente essa imagem se ampliou e o complô ficou tão vasto quanto o mundo. A técnica contribuiu decisivamente para isso. A rede interligou o mundo, ele foi conectado de um polo a outro, envolto e cercado, circundado e circunscrito, até modificar a sua própria imagem. O mundo da rede é a representação técnica do mundo: cabos telemáticos, linhas de energia, fibras sintéticas, fluxos móveis que, em um dédalo de nós, um labirinto de conexões, correm, ramificam-se, cruzam-se no ar, no abismo dos oceanos, nos meandros da terra. Tecnologia hard e tecnologia soft revezam-se em todas as latitudes do ciberespaço. Não se limitam a informar — elas formam. Ordenam, estipulam, regulam.

Não somos mais números na ordenação de Deus. Somos presas da rede onipresente que organiza secretamente o mundo. Linhas invisíveis e cabos impalpáveis nos seguem por toda a parte. Lá de onde chegam e partem mensagens o poder se manifesta e a suspeita aumenta. De repente, o mundo parece organizado e controlado por um enorme complô. O mundo tornou-se complô — o complô tornou-se mundo. E isso graças à imagem tecnomidiática.

Não é mais a intriga singular, a maquinação de quem opera nos bastidores e cujo segredo político será esclarecido. É mais o segredo do mundo enredado no complô, ou, melhor dizendo, do complô mundial. A referência à imagem não pode, porém, induzir ao erro: a questão não se limita à espacialidade e à visibilidade. O complô é a forma por meio da qual entendemos e habitamos o mundo hoje.

Quando se fala de «dispositivo», estamos nos referindo à tradução do célebre termo *Gestell* que Martin Heidegger introduziu na filosofia para indicar a implantação da técnica.[11] Preparada tendo em vista o domínio e o controle, como se fosse um instrumento neutro a serviço da humanidade emancipada, a técnica revela sua face obscura e perturbadora. Há tempos o mecanismo tornou-se incontrolável; a engrenagem funciona autonomamente, o sistema ordena e organiza. O sujeito moderno, convicto de que pode dominar tudo por meio da técnica, é abalado. O projetista se torna o projetado. E descobre ser usado em uma

-----

11 Cf. M. Heidegger, *L'impianto* [1949], em Id., *Conferenze di Brema e Friburgo*, P. Jaeger (org.). Milão: Adelphi, 2002, pp. 45-70). Em português: *A questão da técnica* [1953]. São Paulo: Paulus, 2020.

produção ilimitada, permanecendo funcionário na fábrica da ordenação.

O mundo do complô é aquele governado e orientado pela implantação da técnica, onde a realidade é construída, senão até mesmo manipulada, pela rede midiática. Mas o «dispositivo», no modo como Giorgio Agamben lê o pensamento de Michel Foucault, indica também a *oikonomia*, isto é, a máquina governamental, a pura e simples administração em uma época em que a política está suspensa.[12] Essa máquina que gira incessantemente, em vez de seguir um plano providencial de salvação, corre o risco de conduzir o mundo para a catástrofe.

Não seria possível compreender a amplitude do complô, que assumiu extensão planetária, se ele não fosse considerado em seu aspecto também econômico e político, além de apenas técnico. O complô é na verdade a forma constitutiva de um mundo submetido à *hybris* capitalista e dominado pela onipotência do Estado. Justamente o Estado, essa construção artificiosa e profundamente ambígua, promessa de proteção e segurança, ameaça de prisão e insegurança, é o grande fantasma do complô. Não são mais somente os lúgubres

---

12 Cf. G. Agamben, *Che cos'è un dispositivo?*. Milão: Nottetempo, 2006. Em português: *O amigo & O que é um dispositivo?*. Tradução de Vinicius Nicastro Honesko. Chapecó, SC: Argos, 2014.

aparatos burocráticos, os serviços secretos, quintessência da espionagem e da atividade oculta. É o Estado mesmo, em sua firme conexão com a técnica e o capitalismo, quem aparece cada vez mais como um enorme complô. Essa é, no fundo, a revelação mais recente e espantosa, que a vocação totalitária do complô já prenunciava. Há tempos o cenário político é alarmado pelo fantasma do Estado mundial, fonte de apreensão, objeto de denúncias. O complô de Estado torna-se por isso mesmo não simplesmente amplo, mas sim um complô mundial.

Como não fazer parte disso? Para onde fugir? Não há escapatórias. No Império do Complô todos estão desarmados diante da presença de um dispositivo tecnoestatal insondável. O poder sem rosto está secretamente disseminado com uma sagaz opacidade que não permite refazer suas trilhas, reencontrar seus fios. Cada um é lançado na vertigem do complô, onde se sente manipulado por desconhecidos, que por sua vez são manipulados. Por isso a existência é ao mesmo tempo hiperorganizada e totalmente imprevisível. Se o complô está no coração do Estado é porque o poder não é exercido apenas por meio do complô, mas também graças à ameaça de iminentes complôs, externos e internos, tidos constantemente como um aviso e um desafio para a sobrevivência.

É possível desconstruir a metafísica política sem esperar pela revelação fantasmática do segredo? De outro modo, tudo se voltaria para a espera espasmódica e inconclusiva de que, desmascarado o complô, chegasse ao fim a realidade duplicada. Somente assim acabariam convergindo a realidade aparente, mas fictícia, e a escondida, mas efetiva. Porém, existe realmente um segredo, um saber final, um fundamento último sobre o qual tudo se rege? Ou o segredo é justamente a inexistência do segredo, assim como de qualquer fundamento último? Querer acessar uma outra realidade, situada mais além, escondida e verdadeira, seria letal e autodestrutivo.

É o que emerge de *1984*, de George Orwell, em que Estado e Complô se interpenetram em uma ordem biopolítica que interfere até na vida mais íntima. Como em uma longa trajetória iniciática, o último segredo é a inexistência do segredo: não existe na base dessa ordem um saber e um fundamento últimos. Não crer neles e não os procurar é o caminho da salvação, a possibilidade de sobrevivência.

É preciso então desmascarar o complô, mas somente se ele for entendido como aquele dispositivo de poder que é uma necessidade arcaica, porque nos faz acreditar que se pode e se deve buscar uma *arché*, um princípio e um comando na explicação do mundo e dos seus acontecimentos.

DEMOCRACIA E PODER

S e o complotismo fosse um resquício do passado, deveria estar se exaurindo mais a cada dia. Ao contrário, está de tal forma espalhado nas democracias atuais que não parece nada casual. Por quê? De que modo se explica a ligação tão surpreendente, e até mesmo tão íntima, entre complô e democracia? É justamente a palavra-chave «poder» que pode oferecer a resposta.

Para tanto, basta lançar um breve olhar para o início da modernidade democrática. É na nova paisagem política desencadeada pela Revolução francesa que o complô se instaura e se fortalece. Somente observando-o nesse contexto pode-se captar seu significado atual.

Para quem vive hoje no rastro de uma herança secular é difícil, mesmo remotamente, imaginar a grande surpresa que foi a revolução de 1789. Nunca se tinha visto um acontecimento assim tão excepcional, enorme, devastador — por isso também indecifrável e estranho. Em pouco tempo a mais antiga monarquia europeia havia sido varrida, mas a profunda convulsão rompera para sempre a velha ordem. As portas da história tinham sido finalmente abertas para a multidão que emergia para tornar-se protagonista da própria vida. A política alcançava as massas e as massas tomavam a palavra no espaço público. Eis o povo soberano, eis a democracia.

Quem podia ter orquestrado uma ação tão diabólica, um infeliz complô subversivo contra a monarquia, os poderes constituídos, a propriedade privada, a religião cristã? Nasce a partir daqui a visão complotista da Revolução francesa, que inauguraria o longo filão interpretativo voltado a eliminar o acaso da história: se algo acontece é porque alguém o quis. Seguindo os passos do abade Augustin Barruel, que havia fornecido a sua leitura canônica nas *Memórias para servir à história do jacobinismo*, de 1797-98, muitos contrarrevolucionários gritaram contra o complô jacobino-maçônico arquitetado pelos *philosophes*, os expoentes do Iluminismo.

Mas o ardor complotista também operava do lado oposto. Os revolucionários haviam denunciado imediatamente tramoias pérfidas e atividades secretas de monarquistas, clérigos e agentes estrangeiros que ameaçavam a pátria e a liberdade. O dedo era apontado contra o complô aristocrático. De Saint-Just a Marat, levantou-se um apelo à ação preventiva, enquanto a suspeita começava a insinuar-se em toda a parte. Foi Robespierre o paladino da vigilância contra o complô obscuro e permanente. Em um horizonte cada vez mais maniqueísta, entre patriotas e culpados, sobressaíam-se os descaminhos do Terror.

Em seu livro sobre a Revolução francesa, o historiador François Furet destacou a importância assumida pela ideia do complô, que parece recortada no mesmo molde em que toma forma a consciência revolucionária.[13] É como se a busca pelo poder oculto atormentasse a democracia desde o início.

O povo, enfim, é soberano. Mas onde está o seu poder? Se antes estava concentrado no corpo do rei, e era portanto bem identificável, com o abandono do esquema real e o advento da democracia não se sabe mais onde reconhecê-lo. Parece volátil e fugidio. Parece estar sendo sempre remetido ao sufrágio dos cidadãos. O povo é o poder — mas só a palavra garante que o poder pertença ao povo, que ninguém possa se apropriar dele. O poder do povo é na verdade o poder de ninguém. Abre-se um vazio inédito preenchido provisoriamente pela palavra, que é comum e pública, enquanto o poder se alimenta em segredo.

Realmente o poder acabou nesse vazio? Tanto esforço para chegar a um resultado tão desconcertante? Custa acreditar que a democracia esteja toda aí: no lugar do fundamento absoluto do soberano emerge a

---

13 F. Furet, *Critica della rivoluzione francese*. Roma-Bari: Laterza, 1980, p. 63 [edição original: *Penser la Révolution française*. Paris: Gallimard, 1978, pp. 81 e seguintes]. *Em português: Pensando a Revolução Francesa*. Tradução de Luiz Marques e Martha Gambini. Rio de Janeiro: Paz e Terra, 2012.

ausência de fundamento e de absoluto. Pode-se compreender o espanto dos cidadãos projetados no cenário da modernidade democrática. E, junto com o espanto, também a incerteza, a perplexidade, a ansiedade. O poder do povo é um enigma, um misterioso «vazio» que, se olharmos bem, é logo preenchido por fantasmas. São os fantasmas do complô: por trás da aparência do poder recém-conquistado esconde-se o poder real de forças ocultas. É a mesma metafísica que, impedindo de se afastar do mito do poder, favorece o complô.

De outro modo, a ânsia por desmistificar o poder invisível permanece o mal obscuro que corrói a democracia contemporânea por dentro e representa um grave perigo. Sem dúvida o poder parece hoje cada vez mais escapadiço, ubíquo, reticulado, projetado sobre os canais tecnológicos e sobre os fluxos econômicos, desprovido de centro e talvez de direção. Não tem rosto, não tem nome, não tem endereço. O mal-estar de quem é atingido por ele reside justamente em tentar localizá-lo. Percebe-se apenas a sua presença difusa — o que aumenta a incerteza e a suspeita. Do efeito chega-se à causa. O ceticismo se transforma na certeza dogmática de que existe um lugar oculto do poder. Emergem assim os espectros sombrios do complô, que infestam o cenário político e que se multiplicam quando o rei está nu, ou seja, quando o poder que governa no reino da economia planetária não pode deixar de vir à luz.

É enganosa a própria pergunta «onde está o poder?», da qual sai em grande parte a crise atual da política. Como sugeriram, em duas visões espelhadas, Claude Lefort e Michel Foucault, seria inútil tentar localizar o poder que, se olharmos bem, está em toda parte e em nenhum lugar, pois habita de tempos em tempos um lugar diferente e que funciona de modo diferente.[14]

A procura espasmódica pelas «forças ocultas» não faz mais do que manifestar a profunda incapacidade de se viver a democracia, sempre atravessada por um dissenso permanente, agitada por uma insuperável inquietação. Com uma expressão que se tornou célebre, Lefort vislumbrou o traço revolucionário da democracia no «lugar do poder que se torna *lugar vazio*».[15] Ausência de fundamento, divisão, abertura: na comunidade democrática, o povo não pode proclamar-se soberano, a não ser em sentido simbólico, nunca substancial e identitário, isto é, não pode ocupar o lugar do poder, que deve, em vez disso, permanecer vazio.

Quem quiser preenchê-lo tem por objetivo fechar dentro de si o corpo comunitário, abolindo qualquer alteridade que se projete para fora — talvez na imagem de um estrangeiro, de um inimigo. Foi essa

---

14 Cf. C. Lefort, *La questione della democrazia*, em Id., *Saggi sul politico. xix-xx secolo* [1986]. Bolonha: Il Ponte, 2007, pp. 17-31.

15 *Ibid.*, p. 27.

a estratégia política de Trump, voltada a desqualificar e deslegitimar a democracia. O espectro do complô corre o risco então de escorregar para o fantasma totalitário. Governar agitando o pesadelo do caos, o bicho-papão do «Estado profundo» e do governo planetário oculto, é um jeito caricatural, e ainda assim temível, de enfrentar o descontentamento conduzindo-o não para dentro, mas sim contra a estrutura democrática.

Distorcidos pela leitura complotista, impaciência, frustração e ressentimento podem instilar aquele «ódio pela democracia» ressaltado por Jacques Rancière.[16] Na denúncia sistemática dos «poderes fortes», que confiscam a soberania do povo ao governar em proveito próprio, o complotismo assemelha-se em muitos aspectos ao populismo. Tanto em um caso como em outro, imputa-se a uma maquinação secreta a lacuna entre a ideia de democracia e a sua realização.

---

16 Cfr. J. Rancière, *L'odio per la democrazia* [2005]. Nápoles: Cronopio, 2011. Em português: *O ódio à democracia*. Tradução Mariana Echalar. São Paulo: Boitempo, 2014.

A CAUSA DE TODOS
OS NOSSOS MALES

Se a crise global se agrava, se os aconte-cimentos se precipitam, alguém em algum lugar deverá responder por isso. Para o que é aparentemente inexplicável é necessário encontrar uma explicação. Uma falência bancária, um escândalo judiciário, um assassinato político levam a um «culpado». Nome, lugar, rosto. Na sua interpretação «alternativa», o complotismo se repete, reitera o mesmo esquema causal. O que aconteceu é efeito de uma causa que precisa ser descoberta. Mais: o que aconteceu é o resultado da intenção de um sujeito — individual ou coletivo — que agiu por interesses próprios, em geral bem dissimulados.

Olhos abertos, portanto, e orelhas em pé para rastrear as provas, coletar os indícios, decifrar os sinais, antes de tirar as conclusões. O complotista cumpre o papel de quem faz o diagnóstico, no meio do caminho entre o psicanalista e o investigador. A explicação causal parece cobrir acima de tudo um vazio cognitivo, a necessidade de saber. Mas não é difícil perceber intenções outras. A busca pela causa é também acusação. E essa imputação contém, implícita, a condenação moral. Mas revelar um complô significa não apenas denunciar o culpado, mas também estigmatizá-lo como inimigo político, muitas vezes também demonizá-lo. A denúncia já é uma defesa, o início de uma caça às bruxas, senão um chamado às armas ou mesmo a licença para um extermínio.[17]

A paisagem se enche de poderes ocultos, manipuladores nefastos, figuras satânicas, entre outras tantas fontes do mal. É preciso tomar cuidado o tempo todo e ao mesmo tempo não parar de desvelar suas intenções recônditas. A esse respeito, Léon Poliakov, o grande historiador do antissemitismo, introduziu a eficaz expressão «causalidade diabólica» para indicar essa busca incansável por agentes pérfidos e abjetos a quem imputar o mal do mundo. Os judeus, por exemplo. No prefácio de sua obra *La causalité diabolique. Essai sur l'origine des persécutions*, publicada em 1980, Poliakov reconhece a sua dívida em relação a uma iluminadora observação de Albert Einstein que, já em 1927, alertava para a crença na ação dos demônios na raiz do conceito de causalidade.[18] Naquela época, Einstein havia acabado de ler o ensaio de Lucien Lévy-Bruhl sobre a

---

17 Publicado já em 1966, o clássico que mostra tais consequências é N. Cohn, *Licenza per um genocidio. I «Protocolli dei savi Anziani di Sion» e il mito della cospirazione ebraica* [1967]. Roma: Castelvecchi, 2013.

18 L. Poliakov, *La causalité diabolique. Essai sur l'origine des persécutions*. Paris: Calmann-Lévy, 1980, p. 11.

mentalidade primitiva. Mas é interessante que Poliakov — como ele próprio admite — tenha chegado àquela expressão estudando os fenômenos totalitários do século xx. Na base está a convicção de que os movimentos reais da vida política são manobrados por causas escondidas que operam nos bastidores. O pior se verifica quando, como no caso de Hitler, os adeptos do complotismo chegam ao poder. Na demonologia hitleriana, os judeus foram as forças do Mal, os inimigos escatológicos.

Mas indo inclusive além de Poliakov, pode-se dizer que o nazismo foi a paixão arcaica pela causa última, a regressão na direção do poder causal de um Outro que controla as tramas do caos e da destruição. No cerne da Shoah está a dificuldade humana de enfrentar a angústia existencial e a instabilidade política.

Uma tal «concepção policialesca da história» se conserva, como havia sugerido Manès Sperber, inconfessada e todavia amplamente praticada, mesmo depois do nazismo, nos regimes menos ou mais democráticos.[19] Permanece desse modo bem sólida a ideia de uma possível salvação, uma vez determinada (e eliminada) a causa de todos os males.

---

19 M. Sperber, *La concezione poliziesca della storia*, em *Id., Il tallone d'Achille. Saggi* [1957]. Milão: Mondadori, 1962, pp. 85-92.

Quanto mais devastadores e desconcertantes são os efeitos, tanto mais potentes e assustadoras as causas — os Judeus, o Capital, a CIA, Bill Gates. O pensamento complotista leva em conta as proporções. E funciona restabelecendo uma espécie de ordem explicativa, conduzindo os acontecimentos até as intenções malévolas de sujeitos que conscientemente tramam planos, elaboram projetos sempre bem dissimulados. Quase não há texto sobre as «teorias do complô» que não cite Popper, que já em seu livro de 1945, *A sociedade aberta e seus inimigos*, e em seguida também em *Conjecturas e Refutações*, ressalta a conexão com o esquema causal. Quem olha para o complô é movido por uma forma de crença, ou melhor, de superstição, que leva não apenas a procurar os culpados, mas também a acreditar que tudo aquilo que se deseja também é realizável. O acaso é apagado, é eliminada toda a incógnita; como se tudo tivesse realmente acontecido sempre do modo pré-estabelecido. Eis porque a «teoria social da conspiração» é, segundo Popper, uma visão primitiva assim como o teísmo: os deuses, que com os seus caprichos e os seus quereres regiam para os antigos a sorte dos humanos, foram suplantados por sinistros grupos ou indivíduos suspeitos, a cujas intervenções demoníacas se pode atribuir qualquer desventura.[20]

Desse modo, inaugura-se uma forma muito difundida de entender o complotismo como reação ao «desencanto do mundo», segundo o célebre modelo interpretativo de Max Weber, é a sobrevivência, portanto, de um pensamento mágico, apesar da — e em oposição à — racionalização crescente. Trata-se em resumo de um fenômeno profundamente antimoderno, um retorno irracional ao passado, de quem prefere fechar os olhos e não aceitar as «explicações mais evidentes» e mais incômodas. Essa sentença peremptória de condenação será retomada e relançada com sucesso por Umberto Eco.

Olhando mais de perto, porém, quem submeteu o esquema causal a uma crítica severa, que deixou uma marca indelével, foi Friedrich Nietzsche. «Somos *nós* apenas que criamos as causas (...), agimos como

---

20 K. R. Popper, *La società aperta e i suoi nemici, II. Hegel e Marx falsi profeti* [1945], D. Antiseri (org.), 2 vol. Roma: Armando, 1996, p. 113; Id., *Congetture e confutazioni. Lo sviluppo della conoscenza scientifica* [1963]. Bolonha: il Mulino, 1972, pp. 211 e seguintes. Em português: *A sociedade aberta e seus inimigos*, volume II — *A preamar da profecia: Hegel, Marx e a colheita*. Tradução de Milton Amado. Belo Horizonte: Editora Itatiaia. São Paulo: Edusp, 1974. Id., *Conjecturas e Refutações*. Tradução de Bath S. Brasília: UnB, 1972.

sempre fizemos, ou seja, *mitologicamente*».[21] A necessidade de atribuir uma causa trai uma irreprimível exigência de segurança, a impossibilidade de suportar o que é novo, desconhecido, enigmático. Por isso faz emergir apreensão, temor, fragilidade. A causalidade não é um esquema teórico, mas sim uma pulsão. O diagnóstico de Nietzsche é implacável: «O impulso causal está assim condicionado e estimulado pelo sentimento de medo».[22] A necessidade psicológica de crer em uma causa está na impossibilidade — humana, demasiadamente humana — de representar um acontecimento sem intenções. Eis por que recorrer a uma causa e atribuir uma intenção é, segundo Nietzsche, o mesmo gesto. Tudo aquilo que acontece é para nós um agir que pressupõe, portanto, um agente, um sujeito dotado de vontade, vale dizer, do poder de desencadear efeitos. Assim humanizamos o mundo à nossa imagem, supondo pois que essa interpretação tenha uma estrutura objetiva. Não admitimos que a realidade seja processual e os fenômenos complexos. Mesmo que se trate apenas da nossa engenhosa representação, preferimos viver em um mundo de miragens

....

21   F. Nietzsche, *Além do bem e do mal*. Tradução de Paulo César de Souza. São Paulo: Cia das Letras, 2005, p. 26.

22   Id., *Crepúsculo dos ídolos*. Trad. Paulo César de Souza. São Paulo: Companhia das Letras, 2006.

e fogos-fátuos, só para poder explicar — isto é, converter o inabitual em habitual, para nos livrarmos da inquietante impressão de estranheza. Conhecer não significa então explorar o desconhecido, mas sim reduzi-lo ao que já se sabe. Não queremos de forma alguma conhecer, mas, ao contrário, queremos não ser tocados em nossa imperturbável crença de que já conhecemos. Uma explicação qualquer é preferível à falta de explicação.

Não se trata simplesmente de mentalidade primitiva ou de uma visão irracional — como sustenta, entre outros, Popper. A questão é mais profunda. Seguindo Nietzsche, pode-se dizer que a causalidade diabólica seja uma paixão metafísica. Procura-se a causa, isto é, identifica-se o sujeito culpado que se esconde nos bastidores, esse agente maléfico, dotado do poder soberano de prejudicar, esse inimigo único e absoluto que se esconde no retromundo obscuro. Na oposição maniqueísta de claro e escuro, bem e mal, que caracteriza a metafísica, o inimigo absoluto encarna o Mal tenebroso. Tudo é permitido para se defender contra esse agente destruidor. O mal vem de fora — de outro lugar, do retromundo onde se abriga o inimigo satânico que provoca eventos trágicos e devastadores.

Sob esse aspecto, o complotismo não é mais do que a versão exacerbada da política metafísica.

FAMINTOS POR MITOS

Em geral o papel do imaginário não é reconhecido no contexto político, onde, em vez disso, dominam os critérios e os valores da razão. Tudo o que não se encaixa na argumentação rigorosa, que surge dos recessos mais ignotos da vastidão onírica, fica relegado a uma zona de sombra que parece por isso impenetrável. Sonho, mito e utopia foram banidos do espaço público já há décadas. O que determinou isso foi não apenas o hiper-realismo capitalista, vendendo como totalitária qualquer alternativa, mas também a racionalização técnica da vida.

No entanto, quem poderia convictamente assegurar que o sonho não participa das vicissitudes da política? Um olhar para o passado recente já mostra que as grandes reviravoltas dos últimos séculos foram promovidas e acompanhadas — para o bem e para o mal — por um potente imaginário. Poderíamos dar muitos exemplos. Que destino teria tido o marxismo se, reduzido a um sistema dialético-científico, tivesse sido privado do seu apelo profético e da sua carga messiânica? Mas uma consideração análoga vale também para milenarismos de toda espécie, nostalgias passadistas, cultos à personalidade, obsessões maléficas e complôs. Por outro lado, marcas evidentes de tudo isso afloram também na paisagem política atual.

A propósito desse imaginário, é oportuno falar de «mito». Existem interpretações divergentes e juízos às vezes opostos sobre o mito: para alguns, é uma cortina de fumaça, uma mistificação que altera a verdade dos fatos e contraria as regras da lógica, enquanto para outros é uma narrativa que, embora vinda do passado, mantém intacto um poder explicativo no presente e no futuro. A partir de Nietzsche e de Freud, o mito ganhou evidência no curso do século XX. Assim como o sonho, escapa a qualquer redução conceitual, fundindo conteúdos de épocas diversas. Salta aos olhos a temporalidade cíclica do mito, que, não obstante o freio da razão iluminista, reemerge vigorosamente depois de cada aparente destruição. Não por acaso, Carl Gustav Jung o entende como um arquétipo do inconsciente coletivo que permanece vivo no âmago dos povos, como um invólucro narrativo que, sem jamais se exaurir, supera toda ruptura. Daqui para as ideologias de massa é um pequeno passo.

Célebres são as palavras de Mircea Eliade: «O mito conta uma história sagrada, quer dizer, um acontecimento primordial que teve lugar *ab initio*».[23] Além de ser uma

---

23 M. Eliade. *O sagrado e o profano*. Tradução de Rogério Fernandes. São Paulo: Martins Fontes, 1992, p. 50.

narrativa lendária, o mito oferece uma estrutura interpretativa, um conjunto de chaves hermenêuticas que podem servir para reordenar o caos desconcertante de acontecimentos nos quais o mundo parece se precipitar. Por isso tem uma sintaxe associativa própria, uma lógica íntima, um código no qual transcreve a sua mensagem e mediante o qual a mensagem é entendida e decifrada, uma coerência labiríntica que representa também a promessa de um fio condutor. Nesse sentido, tem uma verdade absoluta própria, que resiste a qualquer desmentido.

Mas também seria redutor não perceber o potencial de mobilização que emerge justamente nos mitos políticos, versão contemporânea dos grandes mitos sagrados. Fluido e ambivalente o suficiente para aderir com a sua estrutura sutil à nova realidade, o mito político causa uma disjunção que não deve ser subestimada. Foi Georges Sorel quem fez menção à sua energia explosiva examinando especificamente a greve geral, o mito por excelência do proletariado, que «compreende inteiramente o socialismo».[24]

Os mitos políticos atuais são o que resta no imaginário político após o fim das grandes narrativas. Por isso, a greve geral por

---

24 G. Sorel, *Riflessioni sulla violenza* [1908], em Id., *Scritti politici*, R. Vivarelli (ed.). Turim: Utet, 2006, cap. IV, p. 219. Em português: *Reflexões sobre a violência*. Petrópolis: Editora Vozes, 1992.

certo não tem mais o apelo mítico do passado. Todavia, os mitos ainda existentes são muito mais prolíficos. Entre eles, ocupa um lugar especial o complô, mito do passado mais remoto que sobrevive com uma vida póstuma inédita. O que deveria fazer refletir a respeito da época atual, sobre se o mito do complô, além de remeter ao lugar secreto do poder, lança uma acusação e junto com ela instiga a autodefesa.

Para entender de que modo esse imaginário ganhou consistência hoje, vale a pena recordar uma expressão, nem sempre clara, usada por Furio Jesi: «máquina mitológica».[25] O mito é a narrativa sagrada, que tenta preencher a distância primordial aberta entre homens e deuses, como acontece no cenário grego, onde esse abismo é chamado de *chaos*. Mas a mitologia grega não está indissociavelmente ligada ao destino dos deuses gregos; conserva-se quando os deuses fugiram e quando foi proclamada a «morte de Deus». Mesmo quem não tenha se convencido disso permanece inscrito nesse luto. A «máquina mitológica» é um dispositivo que mistura materiais mitológicos diversos — imagens opacas, cultos enigmáticos, fórmulas mágicas, símbolos misteriosos, rituais secretos — combinando passado e presente, na verdade, mito e

---

25 F. Jesi, *Materiali mitologici. Mito e antropologia nella cultura europea*, A. Cavalletti (org.). Turim: Einaudi, 2001, pp. 81 e seguintes.

história. É uma mistificação não porque une épocas e culturas diversas, mas sim porque fornece uma visão homogênea do tempo histórico e sobretudo alude a uma fonte secreta, para além da história, um eterno presente do mito.

Para explicitar melhor isso, poderíamos falar de um fundo arcaico, um fundamento árquico. A máquina mitológica é na verdade autofundante, no sentido em que coloca a própria origem fora e além de si, em uma fonte distante que em geral permanece intangível. Mas eis que, em vez disso, como em uma loja de velharias, sucatas e bugigangas, a máquina junta materiais da mitologia, pegando-os um pouco aqui e um pouco ali, tentando dar-lhes uma nova vida. A receita consiste em espargir esses materiais agradavelmente inertes com a cor da vida para torná-los facilmente consumíveis. Por exemplo, suásticas, símbolos rúnicos, feixes dos lictores. O resultado é um produto tenebroso e kitsch. Quem o consome prova da embriaguez fátua de entrar em contato com aquela fonte mítica e secreta, de outra forma negada. Assim é aplacada provisoriamente a sua fome de mitos, que, porém, permanece sempre insatisfeita. A isso refere-se Theodore Ziolkowski para indicar a explícita tendência à «gastronomia da alma» na Alemanha dos anos 1920, designando a condição humana ao mesmo tempo pressuposta e fomentada pela máquina mitológica.[26]

Aqueles que têm fome de mitos, na falta do original, contentam-se com o alimento mitológico, essas bugingangas em nada inofensivas, aliás, literalmente mortíferas, porque trazem consigo ameaça de morte e podem mesmo levar até a morte. Esse esqueleto morfológico, essa trama de estereótipos, fórmulas, símbolos e rituais, quase sempre encontra um cínico uso político para a manutenção da ordem.

Podemos falar apenas de «cultura de direita»? Evidentemente, não. Seria mais justo enquadrar a máquina mitológica em uma mais ampla cultura nostálgica e passadista, profundamente reacionária porque reage não apenas ao desconhecido do presente, mas também à escassez de meios interpretativos que ajudem a ler o mundo. Incapaz de elaborar novas coordenadas, essa cultura contenta-se com ração velha já mastigada. Pode valer também para a esquerda.

O mito do complô, que sobrevive de modo tão penetrante, não é então propriamente um mito, mas sim o resultado da máquina, ou melhor, do dispositivo mitológico. A rede estendida sobre o mundo, que o circunscreve e envolve, não tem apenas a metálica assepsia da técnica, mas ganha

---

26 Cf. T. Ziolkowski, *Cults and Conspiracies. A Literary History*. Baltimore: John Hopkins University Press, 2013, pp. 159 e seguintes.

vida também graças à carne morta da mitologia. É essa alquimia que constitui sua gravidade mortífera.

O CEMITÉRIO DE PRAGA:
O ARQUICENÁRIO DO COMPLÔ

E m alguma parte existe o lugar em que se reúnem aqueles que mexem os pauzinhos, que urdem a trama do complô. O acesso a esse lugar, difícil e arriscado, é um caminho de iniciação, uma descida às trevas, uma penetração nos subterrâneos do poder. O limiar separa metafisicamente bem e mal, claro e escuro, dia e noite, liberdade e despotismo, justiça e arbítrio, transparência e mistério, vida e morte. Concebida como uma pirâmide invertida, a imagem do complô representa do modo talvez mais intenso e nítido a antítese da ordem universal.

Seja em um quarto escondido, nos subterrâneos de uma salinha, em um porão, uma cripta ou mesmo um cemitério, o lugar do complô, protegido de um externo banal e enganoso ou de uma entrada pouco acessível, é o coração exangue da engrenagem mortífera, a sede sombria do comando, a *arché* espectral do dispositivo. A arquitetura política se repete na simbologia que transmite: distante mas próximo, periférico mas central, esse lugar impenetrável, no íntimo da comunidade, é o lugar da exceção soberana. Ali escapa-se das leis, ou melhor, de todas as regras da normalidade. Os adeptos do complô, estranhos provenientes de alhures, estrangeiros que têm um código secreto e costumes malignos, satisfazem apenas seus próprios apetites e obedecem aos próprios imperativos. Preferem a noite, quando as sombras se adensam, ninguém mais é identificável, quando se apaga qualquer luz de familiaridade. Lúgubres e frios, envolvidos por vestimentas escuras ou mortalhas brancas, são espectros perturbadores que emergem do subsolo sepulcral, que se levantam do além-túmulo, para se tornar vigilantes e juízes, capazes de infundir vida a autômatos e drenar todo o plasma vital.

O arquicenário do complô, onde se ata o último nó da trama, tem características que permanecem constantes. A rica iconografia e a extraordinária variedade narrativa seguem todavia a mesma partitura, reelaboram um único roteiro. O complô esconde no fundo a mesma trama. Na imensa literatura, três excertos parecem emblemáticos não apenas por afinidade de estrutura, estilo sensacionalista, repertório de imagem, mas também pelo valor mitológico assumido no imaginário político. São as narrativas de três complôs: judaico, jesuítico, maçônico. Dessa comparação emerge um esquema fadado a se repetir. Se o tema jesuíta acabará se exaurindo, os outros dois se sobreporão para convergir no arquétipo de todos os complôs: o «judeu-maçônico».[27]

O primeiro fragmento é de Hermann O. F. Gödsche, um ex-funcionário dos correios prussianos que, com o pseudônimo de Sir John Retcliffe, publicou em 1868 o medíocre romance *Biarritz*, dentro do qual havia um capítulo intitulado *O discurso do rabino*. A narrativa fantástica logo passou a ser vista como um falso documento. Ainda não se tratava, porém, dos *Protocolos dos sábios de Sião*, aos quais, todavia, o modelo literário já havia sido fornecido. Foi justamente graças a um complô, a uma intrincada trama policialesca, que poucos anos depois se produziria o mito do complô judaico. Esse mito não tem nem um início, porque não existe o original, muito menos um fim, já que, mesmo tendo provocado o extermínio, continua a ser expediente para uma reiterada mobilização antissemita.[28]

---

27 As três histórias em itálico são aqui retiradas e recontadas livremente a partir do romance de Hermann O. F. Gödsche, *Biarritz,* bem como de parte dos *Protocolos,* a partir da obra de Eugène Sue, *O Judeu Errante* e, finalmente, do romance de Alexandre Dumas, *Cagliostro.* [Esse último, em português, aparece com o título *José Balsamo - memórias de um médico*, N. T.].

28 Sobre usos dos *Protocolos* nas últimas décadas, especialmente nos países árabes, cf. A. Taguieff, *L'imaginaire du complot mondial. Aspects d'un mythe moderne.* Paris: Mille et une Nuits, 2006, pp. 142 e seguintes. Um excelente

No antigo gueto de Praga, onde os judeus viveram por séculos totalmente separados, um singular anel de casas prestes a desabar, encostadas umas nas outras, circunda e envolve um alto muro, em muitas partes rachado e desmoronando, quase a protegê-lo. Arbustos selvagens e folhas de sabugueiro poderiam sugerir uma impressão enganosa. Atrás daquele cinturão não sopra uma brisa de paz melancólica, como convém a um lugar de descanso, mas debate-se o espírito de um povo que, condenado a uma eterna errância, seguida de sofrimento, lutas e perseguições, nem mesmo ali encontrou sossego. É como se as tumbas que foram se acumulando de um modo confuso, uma camada após outra, por falta de terra, curvadas pelo vento e cobertas de ramos, se escancarassem de repente permitindo às lápides de arenito emergir das camadas profundas. O mais antigo cemitério judaico de que se tem notícia, essa cidade de mortos, é chamado «morada da vida», como se de lá pudesse nascer um misterioso impulso que subvertesse a sorte, tornando os exilados de outrora os novos donos do mundo. A soberania planetária por vir se esconderia no fundo obscuro desse deserto sepulcral. Entre as lápidas destaca-se, não por acaso, a de Rabbi Löw, o Maharal de Praga, o grande cabalista, aquele que derrotou a morte dando magicamente vida ao Golem, a máquina de barro capaz de vingar o povo judeu.

---

guia são sempre os quadrinhos de W. Eisner, *Il complotto. La storia segreta dei Protocolli dei savi di Sion,* com introdução de Umberto Eco. Turim: Einaudi, 2005. Esse último, em português: *O complô.* Tradução de André Conti. São Paulo: Quadrinho na Cia, 2006.

É noite quando dois homens se cruzam: o primeiro, de estatura alta e inconfundíveis traços germânicos, tem um aspecto espiritual e resignado; também o outro trai a sua origem devido à palidez e às feições do rosto. Sou um jovem erudito de Berlim, capaz de decifrar línguas antigas, de compreender inclusive o caldeu, e um judeu italiano que se deixou verter na testa um pouco de água batismal, um marrano, enfim, cujo nome Lasali evoca o do famoso socialista. Estão ligados por um firme pacto feito três anos antes nas catacumbas de Roma, quando o judeu italiano, espalhando doutrina e conhecimento, havia prometido ao outro, em sinal de reconhecimento por tê-lo salvado do perigo, revelar-lhe os segredos da Cabala, a mística judaica, chave para qualquer complô contra o mundo inteiro. Conscientes dos riscos mortais, os dois se embrenham nos becos tortuosos do gueto de Praga e, através de um estreito vão, penetram no cemitério onde, em um canto escuro, aguardam, a postos, com a respiração suspensa.

Às onze, quando o relógio da torre mal havia acabado de soar, os portões do cemitério rangem e se abrem. Sombras confusas, envoltas em longos talits brancos, deslizam furtivamente na noite fria. Uma após a outra, ajoelham-se diante de uma lápide, tocando-a três vezes com a testa, enquanto sussurram uma oração. A cena se repete a cada vez para os expoentes das doze tribos de Israel. Anuncia-se a meia-noite quando a décima terceira figura, que representa a tribo dos exilados, toma seu lugar ao lado das outras. É esse o sinédrio em que, segundo um costume milenar, a cada cem anos as tribos se reúnem em volta da tumba do mestre Caleb, o grande rabino Simeon bem-Jehuda, para orquestrar o plano de conquista do mundo. Da cova ergue-se um som metálico e uma pequena chama azul projeta um clarão lívido sobre os ali reunidos. «Se dezoito séculos pertenceram aos nossos inimigos, o século atual e os por vir deverão pertencer a nós», proclama o rabino na noite do cemitério de Praga.

A presidir está Aarão, chefe dos levitas. Para cada tribo ressoa o nome de uma metrópole europeia — Paris, Londres, Viena, Amsterdã — sinal do poder judaico viabilizado pelo progresso. Cada um apresenta o balanço dos últimos anos e propõe uma maquinação: transações na bolsa, endividamento das nações, aquisição de terras, redução dos artesãos a operários, destruição das igrejas, enfraquecimento dos exércitos, fortalecimento da revolução, monopólio do comércio, ocupação dos serviços públicos, hegemonia da cultura, casamentos mistos, subversão da moral. Por último intervém Manassés para dizer que de nada serviria tudo isso sem a imprensa, que transforma a injustiça em justiça, a humilhação em honra, que separa as famílias e faz tremerem os tronos. Aarão conclui relembrando que «ao povo de Abraão, espalhado sobre a terra, a terra toda deverá pertencer». Os tempos nunca estiveram tão próximos. Porque o ouro é o domínio sobre o mundo: este é o segredo da Cabala. Na luta milenar de Israel, finalmente o novo século, graças a catástrofes de toda espécie, será o tempo do domínio planetário. A noite sombria é atravessada pela última centelha da chama azul. Assim termina a reunião. Mas nenhum dos participantes percebeu a presença de dois homens, o erudito alemão e o judeu italiano convertido, que enfim, sem serem vistos, prometem consagrar todas as suas forças para combater aquele diabólico complô judaico.

A segunda narrativa é retirada do *Judeu errante*, de Eugène Sue, um romance que, publicado em capítulos às vésperas de 1848, inscreve-se no filão da polêmica anticlerical. A força oculta denunciada é a da Companhia de Jesus, capaz de influenciar decisões governamentais, dispor dos bens de milhões de pessoas, alterar o curso da história.

É uma manhã cinzenta de outubro de 1831. Do final de uma rua deserta de Paris desponta apenas uma modesta morada. Na pálida fachada estão cravadas uma porta em arco e duas janelas protegidas por grossas barras de ferro. O interior está envolto pelo silêncio. Pelas paredes da grande sala do andar térreo se estende uma boiserie cinza; o pavimento de ladrilhos vermelhos é meticulosamente lustrado. Cortinas de calicô branco drapejadas cobrem as janelas. Em uma extremidade da sala, diante da lareira, chama a atenção uma esfera de aproximadamente quatro pés de diâmetro, colocada sobre um pedestal de carvalho. Sobre esse grande globo espalha-se uma multidão de pequenas cruzes vermelhas: de norte a sul, do nascente ao poente, das regiões mais bárbaras e das ilhas mais remotas até as nações mais civilizadas, até a França — não se achava lugar que não estivesse marcado por essas pequenas cruzes, usadas evidentemente como sinais indicadores de dominação. Diante de uma mesa negra, coberta de papéis, agita-se o senhor Rodin, um homem já avançado nos anos, vestido com uma gasta túnica verde-acinzentada; o rosto magro, o queixo pontiagudo, a pele exangue fazem pensar em uma máscara lívida cujo aspecto parece ainda mais estranho pela imobilidade sepulcral que o faz assemelhar-se quase a um cadáver. Graças a um decodificador, ele compila mensagens criptografadas. Tudo naquela sala cor de chumbo tem um aspecto sinistro. O batente da porta soa secamente. O recém- -chegado é um rapaz de trinta e cinco anos com um olhar altivo e um semblante autoritário; os seus gestos deixam entrever energia e audácia. Mas por trás da sedução que exerce mal se esconde a armadilha da falsidade. O seu secretário Rodin lhe é profundamente submisso. Lacônico e impassível, mostra a ele um volumoso maço de mensagens reunidas dos quatro cantos da terra. E enquanto escreve, o patrão se move por toda parte até que, contemplando com um ar de orgulho a imensa rede de cruzes vermelhas sobre o mapa-múndi, apoia imperiosamente a mão vigorosa traindo a certeza do domínio.

O protagonista da terceira narrativa é Cagliostro, em cuja aventurosa vida foi inspirado o romance *José Balsamo*, publicado em capítulos entre 1846 e 1849. Alexandre Dumas retoma em termos romanescos a tese inaugurada pelo abade Joseph Barruel, naquela época muito difundida, segundo a qual um complô estaria na origem do furacão revolucionário.

O entardecer torna densa a sua sombra sobre os maciços que bordeiam a margem esquerda do Reno. Um caminho sinuoso sobe a encosta obscura e, como se ultrapassasse um muro impenetrável, perde-se atrás dos abetos cerrados. A paisagem sombria causa arrepios. É 6 de maio de 1770. Enquanto o sol se põe, um viajante penetra as profundezas da floresta. Depois de ter deixado o cavalo, adentra o interior tenebroso. A orientá-lo, apenas o brilho misterioso de uma lâmpada. Quando alcança um castelo em ruínas, descobre que a luz provém de uma figura espectral, um fantasma que, no limiar de um salão circular forrado de preto, convida-o para entrar. Os túmulos se descobrem e uma multidão de homens mascarados toma lugar nos degraus do salão. O viajante — um estrangeiro, um italiano, talvez um siciliano — não parece amedrontado e, aliás, submete-se de bom grado às provas nefandas. Não tem medo, pois não sabem quem ele é, enquanto ele já conhece todos os seus mistérios. Subitamente, revela: «ego sum qui sum». É aquele que estavam esperando, aquele destinado a desencadear o salutar incêndio que iluminará o mundo. A tocha deverá ser provida à França, a vanguarda das nações. Um rei temeroso, um trono corrompido — removida a pedra angular, desabará todo o edifício monárquico e os soberanos europeus afundarão no abismo. Assim se acelerará o fim da velha ordem e o advento do reino da Liberdade e da Igualdade. Em volta dele os homens das criptas subterrâneas, representantes de todo o mundo ocidental, aplaudem o plano sistemático de subversão. Filósofos, economistas, ideólogos gritarão a plenos pulmões os pensamentos que em geral murmuravam nas sombras, e os difundirão por toda a parte à luz do dia. Nunca mais disparidades, nunca mais castas. Os fios da trama se estreitam e cada um dos grupos assume o papel que lhes é confiado para que essa cadeia preestabelecida de acontecimentos faça explodir a Revolução francesa.

Como a história de Cagliostro também mostra, o complô vem de outro lugar. O estranho insinua-se no íntimo. Agentes de forças ocultas, expoentes de potências rivais, os adeptos do complô são forasteiros que erram pela noite, nômades que vagueiam em torno de moradas tranquilas, vagabundos sem nome que penetram os lugares prósperos provocando miséria e ruína, estrangeiros que introduzem doença e epidemia, judeus que há séculos contaminam, infestam, destroem. O espectro do complô envenena a cidade, atormenta os seus sonhos, de modo análogo ao espectro da rebelião. Há o temor de acabar em mãos desconhecidas, de ser manipulado por um artífice obscuro cujos planos são desconhecidos. Bem no coração da cidade, em uma cabana tenebrosa, em um labirinto subterrâneo, em um poço sem fundo, aninha-se o Reino do Complô, essa rede de malvadezas que ameaça subjugar o mundo inteiro e se tornar dominação planetária.

OS PORTA-VOZES DO ENGODO

N a vastíssima literatura sobre o complô, o nome de Leo Löwenthal em geral passa despercebido. Bem o contrário do que acontece com Richard Hofstadter, tornado célebre e lembrado praticamente em toda parte por ter introduzido o tema da paranoia na política. Esse êxito diferente tem motivações profundas.

Já muito difundido na linguagem corrente, o termo «paranoia» acabou por estigmatizar quem sofre de delírio complotista. Mas quem pode julgar? Quem pode distinguir entre irracional e racional, entre patologia e norma, no âmbito político? Hofstadter fala de «estilo paranoico» para se referir a um certo «fanatismo» presente nos «extremos», seja na extrema direita ou na extrema esquerda.[29] Esse modo de considerar os polos opostos no espaço político é profundamente afetado pelos anos 1950, quando Hofstadter começa a escrever o seu ensaio *O estilo paranoico na política americana*, publicado, enfim, somente em 1965. É o período do macarthismo, em que se impõe

....

29 R. Hofstadter, *Lo stile paranoide nella politica americana* [1965]. Milão: Adelphi, 2021.

a necessidade de mostrar que as duas ideologias aparentemente antitéticas, nazismo
e comunismo, teriam origem numa mesma
«psicologia política», seguiriam os mesmos
esquemas, produzindo resultados análogos.
Como o rótulo de «totalitarismo», assim
também o de «estilo paranoico» marca
a barreira além da qual não é permitido
se aventurar, levanta o cartaz de proibido
que, por antecipação, faz cair em descré-
dito qualquer alternativa. Junto a outros
intelectuais americanos, *um pouco liberal e um
pouco liberais*, Hofstadter contribui para esse
arsenal de conceitos que servirá para reno-
var e reforçar o liberalismo — progressista,
pluralista, tolerante —, protegendo a nação
«sadia» das tendências irracionais dos dois
extremismos, forçadamente associados em
um só movimento.

Bem diferente é a abordagem de Löwenthal, de cujas páginas, diga-se de passagem,
Hofstadter extraiu mais de uma ideia. Escrito em inglês com a ajuda de Norbert
Guterman — e em seguida republicado
em alemão —, o livro *Falsos profetas* saiu já
em 1949, inaugurando a famosa série de
«Estudos sobre o preconceito», organizada
pelos expoentes da escola de Frankfurt.[30]
O contexto era aquele em que começavam

---

30 Cf. L. Löwenthal e N. Guterman, *Prophets
of Deceit. A Study of the Techniques of the
American Agitator* [1949]. Introdução de A.
Toscano. Londres-Nova York: Verso, 2021.

a aparecer as pesquisas que, dirigidas por Max Horkheimer e Theodor W. Adorno, desembocaram no volume *A personalidade autoritária*, de 1950.[31] Os judeus alemães, fugitivos do Terceiro Reich, percebiam sinais perturbadores, que outros negligenciavam, e reviviam no exílio americano um inquietante *déjà-vu*, um ressentimento que parecia explodir a todo instante.

A atenção de Löwenthal concentra-se na figura do agitador que, com suas técnicas, é capaz de manipular o público, de enganá-lo fazendo-o acreditar que é vítima de forças sinistras e ocultas. Estrangeiros, imigrantes, comunistas, traidores e obviamente judeus: eis os inimigos da América que, como parasitas, aninham-se internamente às escondidas, insinuam-se para levar doença e destruição. São eles que manipulam os fios de um complô bem urdido.

A lista das lamentações é longa e vai do descontentamento geral à dificuldade econômica, das expectativas perdidas às derrotas existenciais. Incorporando a figura de quem invoca a mudança, o agitador potencializa e tensiona todo o sentimento

---

31 Cf. T. W. Adorno, E. Frenkel-Brunswik, D. J. Levinson e R. Nevitt Sanford, *La personalità autoritaria* [1950], 2 vol. Milão: PGreco, 2016. Em português: *Estudos sobre a personalidade autoritária*. Tradução de Francisco Lopez Toledo Correa, Virginia Helena Ferreira da Costa, Carlos Henrique Pissardo. São Paulo: Unesp, 2019.

de orgulho ferido, humilhação, raiva reprimida, endereçando-os ao que vem de fora. Após tantos sacrifícios, e a promessa de alguma recompensa qualquer, a insatisfação é enorme. São demasiados os sonhos que ficaram irrealizados. Pode-se atribuir a responsabilidade do insucesso aos próprios erros, às esperanças mal dimensionadas, a uma inadequação evidente. Há quem procure conforto na religião e quem, por outro lado, se deixa levar pelo cinismo. Mas se tudo isso não acontecer, então a fúria da desilusão é imparável. O agitador rompe o tabu que impõe o otimismo — *everything is ok!* — e admite que as coisas não vão bem. Sem meios-termos, chama de «perdedores» os seus asseclas — perdedores, assim como ele, que é um deles, e no qual podem então confiar. Porque ele é sincero. E diz finalmente aquilo que os outros não dizem, isto é, que tudo é uma enganação. Foram trapaceados, ou melhor, deixaram-se trapacear. Erraram por ingenuidade e credulidade. É tempo de acordar. A inferioridade intelectual, os limites, que os haviam inibido tanto, podem ser confessados abertamente, aliás, desbragadamente. Circundada por uma aura nunca vista, a humilhação se torna a marca registrada de uma nova elite.

A condição de quem foi trapaceado é permanente e irremediável. Não há nada que as vítimas possam fazer para mudá-la, a não ser denunciar o complô maquinado por um inimigo imoral e sem escrúpulos. Claro, é um inimigo que não se vê — mas somente porque está escondido e persegue disfarçadamente fins obscuros. Porém, os seus efeitos são perceptíveis. E isso basta.

Coerente com as ideias da escola de Frankfurt, em particular com uma crítica social que recorre a categorias psicanalíticas ou psiquiátricas, Löwenthal não hesita em falar de «paranoia». É o primeiro, aliás, a fazê-lo. Mas ao mesmo tempo se afasta do risco, de que Hofstadter por sua vez vai ao encontro, de estigmatizar opiniões e comportamentos políticos tidos como desviantes. Ao contrário, as suspeitas não são injustificadas. Se existe uma tendência de se sentir alvo de um poder ameaçador, é porque, enquanto a esfera de ação individual se restringe, o mundo parece cada vez mais nas mãos de forças anônimas. Procurar compreender os seus desdobramentos não significa ser paranoico. O limite não é nítido.

A vaga suspeita pode ser um bom ponto de partida para uma análise da situação econômica e política. Mas o agitador age na direção oposta: faz da suspeita uma certeza, da sensação uma análise completa. E o complô torna-se um elemento de distração que impede de indagar a realidade. O mundo não é complexo, mas sim complicado, devido a uma maquinação deliberada, uma sabotagem orquestrada. A rede assume dimensões gigantescas, fantásticas, cósmicas. Estende-se pelo espaço, dilata-se no tempo e se torna imemorial. Desde sempre aquelas forças ocultas agem para destruir — só que têm a habilidade de vestir novas máscaras. É assim que o agitador, suscitando a embriaguez que vem quando se bebe da fonte mítica, não faz nada mais do que desvelar a cada ocasião somente o mistério.

O porta-voz do engodo é ao mesmo tempo um falso profeta, o vidente grotesco e perigoso que denuncia a tramoia por toda a parte, mas também o megafone que dá voz ao complô, que amplifica um temor tácito, uma ansiedade apocalíptica.

RESSENTIMENTO SOBERANO

Todos os fracassos próprios, os insucessos, os colapsos, as perdas não são mais do que efeitos perversos produzidos por outros, os privilegiados, os dominadores, os usurpadores. São eles que tramam pelas costas, que fazem passar por verdades absolutas os seus interesses disfarçados, que geram lucro a partir desse enorme abuso. É assim que vai elucubrando o ressentido. De tal modo encontra um álibi para sublimar os próprios limites, excogita um pretexto para elevar a baixeza a uma superioridade, transmutar a mediocridade em excelência, converter os defeitos em virtudes, as culpas em méritos. Essa inversão já foi desmascarada por Nietzsche em *Genealogia da moral*.[32]

No cenário atual, o ressentimento assumiu um papel político e uma dimensão existencial sem precedentes. Desmoronamento das utopias, dissolução das grandes narrativas, dificuldade de ler o curso do mundo,

---

32 F. Nietzsche, *Genealogia della morale* [1887]. Milão: Adelphi, 1984, I, §§ 10-15, pp. 25-40. Em português: *Genealogia da moral*. Tradução de Paulo César de Souza. São Paulo: Cia das Letras, 2009.

crise global da visão progressista e dos projetos de emancipação, falta de uma linguagem política capaz de restituir uma esperança comum ao sofrimento do indivíduo: tudo isso contribui para um ressentimento que se tornou praticamente uma forma ordinária de vida. Cada um está entregue à própria desilusão, ao próprio irremediável desamparo. Na trama dilacerada desses fios, que antes mantinham unida a perspectiva do resgate, insinuam-se as pequenas histórias íntimas, as narrativas narcisistas, as ruminações raivosas, as crônicas gregárias. No mal-estar compartilhado, no incômodo generalizado, o ressentimento nasce não tanto da constatação das iniquidades e feridas quanto da incapacidade de superá-las mirando um ideal comum de justiça. Cada um constata sua própria impotência. Torna-se então indispensável procurar um anestésico para enfrentar a aflição e a angústia. Pode-se dizer que o ressentimento prevalece onde sucumbe o princípio da esperança.

Justamente a liquidação apriorística de qualquer alternativa, taxada de derivação totalitária, ou percebida como ilusão quimérica, abre as portas para a compensação fantasmática do ressentido que, com um passe de mágica, imagina dominar os dominadores. Sob esse aspecto, o ressentimento é uma revolta submissa. Reduz-se na verdade a uma tentativa, por sua vez alienada, de superar a alienação, um atalho para inverter as relações de força. A chama da revolta se acende e se apaga em poucos instantes. A consciência fugaz do dissenso dá lugar a um cálculo de benefícios imediatos. O ressentido acaba assim por aceitar o mundo que queria exorcizar e, a despeito de todo o seu orgulho rancoroso, submete-se ao sistema odiado, humilha-se fazendo uma homenagem mal dissimulada aos valores hegemônicos que pretendia freneticamente subverter. A metamorfose última é a passagem da animosidade intransigente para a resignação amarga ou, segundo a sorte menos ou mais benevolente, para a aquiescência esquecida e despreocupada. Eis por que o partido dos ressentidos está destinado a se fragmentar e a se dividir continuamente por causa das repetidas deserções, dos cálculos interessados.

A crescente despolitização tornou paradoxalmente mais político o ressentimento, que, se olharmos bem, já é há décadas o componente potencial de ideologias diversas. Para discernir o seu uso, basta considerar suas modalidades e efeitos. Mais do que se esforçar buscando um caminho para enfrentar a situação frustrante e penosa em que está metido, o ressentido prefere uma fuga. Ou seja, uma inversão sofística da própria imagem, do outro e da relação com o mundo. Assim, com um golpe prodigioso, consegue enxergar a si mesmo de outra forma, isto é, diferente de como é e de como os outros o veem. Ao mesmo tempo, o seu rancor purista dá vazão à paixão identitária, à fobia do outro e à rejeição à mudança, à transformação. A maior reivindicação político-existencial do ressentimento é o direito de insistir na própria essência. O que significa: sem precisar se abrir para o externo e sem acrescentar nada, nenhum suplício ulterior, à aflição daquela situação humilhante — muito menos o suplício de precisar adaptar-se. Antes, é melhor negar e refutar as transformações que se vão produzindo no mundo, é melhor, até, negar o mundo.

A recriminação exacerbada, única forma de contato com o externo, leva a um recolhimento étnico-egoico. Separatismo, necessidade de secessão, isolacionismo, vontade de recuar, romper as pontes, erguer muros, necessidade de se encontrar em si, consigo mesmo, com o interior, deixando de fora os adversários, ou melhor, os inimigos, para libertar-se da fria contabilidade da concorrência, e não se equiparar a não ser com os valores internos, em uma economia do ressentimento soberano: assim se forma o Povo do rancor. Nesse substrato se entrevê o nacionalismo mais mesquinho, o entrincheiramento em pequenas pátrias, o supremacismo branco, a xenofobia, a regressão soberanista, o particularismo.[33] Não há dúvidas de que o ressentimento, entre nostalgia e reação, inscreve-se na ideologia da direita, lá onde, diante da desterritorialização, do capital internacional, do exílio planetário,

---

33 Cf. M. Angenot, *Les idéologies du ressentiment*. Montreal (Quebec): XYZ, 1997.

tentam-se recuperar os fetiches da nação e da família, recuperando os territórios simbólicos da estabilidade e da identidade.

Mas o ressentimento ultrapassa as fronteiras. E se revela o componente de ideologias políticas diversas. Por isso, não ocorre uma ideologia pura do ressentimento, que se articula, em vez disso, em uma variedade de formas políticas. Cada ideologia bebe de tempos em tempos dessa fonte inesgotável em quantidades e formas diferentes. Existe, portanto, um ressentimento de esquerda, que não deve ser confundido com a justa revolta contra o mundo que, veiculada, dirigida, elevada, tem por objetivo mudá-lo, certamente não negá-lo. Ao contrário, o ressentimento crava raízes na desilusão, lá onde as estratégias irrealistas terminam em um beco sem saída, enquanto o mundo de sempre permanece um obstáculo intransponível, mas também onde as derrotas ardentes, na verdade as batalhas nunca travadas, são obstinadamente removidas, em nome do compromisso de governo e da acomodação administrativa.

Nem de direita nem de esquerda? Não exatamente. Enquanto tais coordenadas permanecem válidas para a orientação política, o ressentimento se revela a fonte por excelência do populismo, onde encontra o seu desafogo mais natural. Eis por que, em seu curso, graças a correntes secundárias e fluxos subterrâneos, alimenta essa grande quantidade de ideologias híbridas que se espalham pelo cenário contemporâneo:

dos progressistas moderados aos adeptos das revoluções conservadoras, dos libertários de direita aos soberanistas de esquerda. Demagogos e agitadores, verdadeiros protagonistas do neopopulismo, têm em vista um «retorno ao povo», certamente não para promover o germe da revolta, mas sim para cultivar a recriminação e fomentar o protesto dos ressentidos que, redescobrindo o senso comum popular, a rude esperteza das massas, os caros e velhos hábitos do povo, podem finalmente descarregar os seus ressentimentos contra a elite, os «poderes fortes», os tecnocratas, os especialistas, os intelectuais radical-chique. Por isso o ressentimento, que se permite deleitar na impotência, sublimar as ambições frustradas em fantasmas consoladores, anestesiar o luto do desencanto e preencher o vazio da angústia, aparece como o novo ópio dos povos.

Mais do que povos, talvez se deva falar de tribos. Basta para isso dar uma olhada na esfera pública, dividida em polos opostos, fragmentada em campos identitários e acampamentos de vítimas, agitada por conflitos familiares e disputas de vizinhança, atravessada por uma hostilidade interminável e por um veemente *pathos* que alimentam desejos inconciliáveis e admitem apenas relações de intimidação recíproca. É aqui que o ressentimento oferece um álibi ético para um neotribalismo que se manifesta e se exprime em reinvenções rancorosas e reivindicações particularistas.

Cada tribo evita ser comparada às outras para assim ter acesso ao estatuto exclusivo de vítima. O ressentimento — como sustentou Max Scheler — não é apenas um espírito de vingança, procrastinado e perpetuado ao longo do tempo.[34] É também a manifestação de uma incapacidade, de uma profunda impotência, mas é justamente essa condição subordinada, inferior, que dá direito ao estatuto de vítima e à negação de qualquer responsabilidade. Puro e inocente, perseguido por um mundo cruel e corrompido, o ressentido se considera vítima não tanto de um sistema dedicado à torpeza e à impostura, para cuja salvação não haveria remédio, mas de uma quadrilha no poder que deve ser punida. Ali estão os verdadeiros responsáveis.

O ressentido que, além de ter a memória comprida, é atormentado pela constante suspeita, pela percepção de viver em um mundo ilusório e pela mania de uma interpretação malévola, tende a acreditar nas versões complotistas, e mesmo a urdi-las. Complô e ressentimento estão estreitamente conectados pela mesma lógica mítica e pela mesma inversão dos valores. Tanto em um quanto em outro, a hermenêutica do *mundus inversus* exerce um papel decisivo. A censura a esse mundo chega até a invocação de um Mundo Outro, onde se cumpre

---

34   Cf. M. Scheler, *Il risentimento* [1919]. Milão: Chiarelettere, 2019.

a justiça. Só que na visão religiosa trata-se do mundo do além — «o meu reino não é deste mundo» (João 18, 36) — enquanto na moderna do complô trata-se do retro-mundo da dominação revelado pelo olhar penetrante do ressentido.

A NOVA ORDEM MUNDIAL

Já enquanto ia se afirmando, nos anos após a guerra fria, a globalização parecia perder os seus contornos e escapar das mãos. A unificação do mundo por meio do capital e da técnica produzia paradoxalmente uma inédita e imponderável desordem.[35]

Não causa espanto que em tal cenário o complotismo, com a sua aspiração a um todo bem ordenado, tenha se tornado tão universal e irrefreável. O que se esconde atrás do caos aparente? Não é talvez o conflito de todos contra todos, a nova guerra civil global, um jeito de governar por meio do caos? Quem tece a trama? Quem está no controle? Se na complosfera ressoou, inquietante e terrível, a palavra «Sinarquia» para indicar o governo global oculto, que manipula as nações e subjuga os povos, bem mais sorte teve a fórmula do New World Order, introduzida em 1972 pelo

---

35 Anthony Giddens já havia apontado isso muito cedo. Cf. A. Giddens, *Il mondo che cambia. Come la globalizzazione ridisegna la nostra vita* [1999]. Bolonha: il Mulino, 2000. Em português: *Mundo em descontrole, o que a globalização está fazendo de nós.* Tradução de Maria Luiza Borges. Rio de Janeiro: Record, 2000.

ideólogo americano Robert Welch e retomada a ponto de ser elevada, sob a sigla Nwo, a símbolo do novo complotismo. O helicóptero negro, força de ataque da Nova Ordem Mundial, que sobrevoa lá do alto, invisível e imperceptível, é o ícone do supercomplô planetário.

Esse imaginário sustenta e reforça o pesadelo de um mundo uniforme, sem fronteiras e sem limites, formatado pelos mesmos valores e mesmas normas, um mundo submetido à tutela única de um poder estranho e totalitário. Um pesadelo assim é especulado com acentos alarmantes já desde Ernst Jünger, no ensaio *Estado mundial. Organismo e organização*, de 1960. A cortina de ferro, a aparente divisão do globo entre as duas grandes potências da época, não lhe impede de perceber a crescente uniformidade que, acima das nações, se estende por toda parte segundo o ritmo da técnica e as suas características cósmico-planetárias. O zênite que se sobressai no pano de fundo é o Estado mundial, não um imperativo da razão a que se chega de comum acordo, mas sim a ocorrência de uma forma inédita na qual o redemoinho do mundo parece se instalar e se organizar. Jünger fala de *Gestell* para se referir a esse dispositivo que foge do controle, que ultrapassa o conceito tradicional de estado e se abre para uma perturbadora paisagem anárquica.[36]

Se o mundo globalizado, com a sua mobilidade, rapidez, mudança, suscita inquietação, a resposta não é o fechamento reacionário a que faz alusão Jünger, isto é, a recuperação da ordem estadocêntrica, a reapropriação da soberania, o fortalecimento das comunidades nacionais e das culturas identitárias. Muito menos pode ser o fechamento complotista. A correta pergunta «quem governará o mundo?», sugerida por Jacques Attali, pede uma análise aprofundada que, partindo dos «perdedores» da globalização, retorne à governança que administra a economia planetária.[37] Quando a complexidade fica presa na complicação, então a máquina do complô, essa rede que tem se espalhado no espaço e no tempo, é a resposta ao alcance da mão.

Trazer à luz o poder oculto da «casta» significa mostrar a sua estranheza. As elites estão na mira como o ápice da infiltração escondida dos estrangeiros. Eis o motivo pelo qual o complô por excelência é o «complô judaico», uma acusação que tomou formas diversas, alimentando ao longo dos séculos o ódio antijudaico. As categorias políticas não

---

36 Cf. E. Jünger, *Lo Stato mondiale. Organismo e organizzazione* [1960]. Prefácio de Q. Principe. Milão: Guanda, 1998.

37 Cf. J. Attali, *Domani, chi governerà il mondo?* [2011]. Roma: Fazi, 2012.

são mais do que a tradução de um fundo religioso em que o judeu é o inimigo apocalíptico, que tem a posse de um segredo cósmico capaz de desvelar o domínio do mundo.

O complô judaico contra a sociedade cristã é aquele que, principalmente na era medieval, foi construído em torno da culpa de envenenar os poços, atribuída com ainda mais ênfase durante a epidemia de peste negra de 1348. Mas envenenar significa poluir, contaminar, infestar. Isto é, destruir para dominar. Naquela boataria local já está implícita a denúncia do complô que se tornaria nacional na era moderna. Basta citar aquele famigerado «caso» em que, entre 1894 e 1906, foi envolvido Alfred Dreyfus, o jovem capitão francês incriminado injustamente por alta traição. O passo seguinte, favorecido no início do século XX pela difusão dos *Protocolos dos sábios de Sião*, é o complô internacional que assume formas diversas: o complô «judeu-plutocrático», personificado por Rothschild, o «sionista» de Theodor Herzl e principalmente o «judeu-bolchevismo», o perigo vermelho representado pela *intelligentsia* judaica de esquerda, entre Lev Trockij e Rosa Luxemburg, capaz de controlar o mundo com a Revolução de outubro.[38]

---

38 Cf. P. Hanebrink, *Uno spettro si aggira per l'Europa. Il mito del bolscevismo giudaico* [2018]. Turim: Einaudi, 2019.

Estrangeiros inassimiláveis pelas nações, capazes de manter recíprocas conexões além das fronteiras, expoentes da antiga diáspora e do novo desenraizamento, os judeus urdiriam uma rede em torno do planeta, a trama planetária do «complô judaico mundial». Torna-se esta a ameaça suprema, o super-plot, o megacomplô que absorve todos os passados e contém em si os vindouros. A globalização favorece o mito do complô judaico que, à medida que se deslocaliza, que a imagem do mundo aos poucos se amplia, ao mesmo tempo se fortalece recolhendo-se no retromundo, onde se tecem os fios da trama, o lugar oculto onde o povo judeu, essa supersociedade secreta especializada nos crimes de infiltração e manipulação, rege os destinos do mundo.

A acusação de constituir um «Estado no Estado» é especular àquela de urdir uma trama planetária. O filósofo alemão Johann Gottlieb Fichte, não por acaso um aguerrido nacionalista, já lança a sombra dessa suspeita.[39] Mas também à luz do cenário atual esse ponto não deve escapar: o complô enfraquece a soberania estatal interna, enquanto reforça o governo mundial oculto. Tanto em um caso como em outro é o estranho que se insinua no familiar para dominá-lo.

....

39   J. G. Fichte, *Contributi per rettificare i giudizi del pubblico sulla Rivoluzione francese* [1793], em Id., *Sulla Rivoluzione francese – sulla libertà di pensiero*. Bari: Laterza, 1974, pp. 163-65.

Compreende-se melhor, então, quando se fala hoje de «Estado profundo» e ao mesmo tempo de «Nova Ordem Mundial». São as duas faces do mesmo complô. Trata-se das forças subterrâneas que — não importa atrás de qual sigla: ONU, FMI, OTAN, BCE, OMS, ONG, UE — são os monstruosos vetores do mundialismo. Melhor ler tudo com a supersigla NOM — Nova Ordem Mundial.

Elevado às manchetes do noticiário com Trump, que, enquanto o *impeachment* se materializava, pretendia desmascarar o grande complô do «governo das sombras», voltado a destituí-lo, o *Deep State* não é um termo novo. Traduz a expressão turca *derin devlet* que, no período entre 1960 e 1980, designava a parte dos serviços secretos destinados a enfrentar uma suposta invasão soviética.[40] O «Estado profundo» entra inicialmente como parte da terminologia política, sem ter um eco complotista, para indicar a permanência de grupos de poder que, apesar da alternância democrática, acabam por

....

40 Cf. S. Kaya, «The Rise and Decline of Turkish 'Deep State'. The Ergenekon Case», *Insight Turkey*, XI, n. 9, 2009, pp. 9-13. Sobre o conceito de Estado profundo, cf. G. Bronner, «L'État profond, c'est la stigmatization du caractère illusoire supposé du monde, et du pouvoir en particulier», *L'Opinion,* 22 de julho de 2020: https://www.lopinion.fr/edition/economie/gerald-bronner-l-etat-profond-c-est-stigmatisationcaractere-illusoire-220759

exercer uma influência notável. O Estado profundo se torna, então, aquilo que mina a soberania popular. É o poder dos escritórios, isto é, dos burocratas e dos administradores que, como já havia advertido Weber, com a proliferação de normas, a excrescência de regras, manobram nos meandros da máquina estatal.[41] Sua competência, embora imprescindível para o funcionamento, amalgama-se com a especialização dos entendidos. O saber cada vez mais complexo exige competência, preparação e capacidade setorial. Quem «sabe mais» pode facilmente ser reconhecido como o eleito em condições de «defender os interesses superiores da nação». Quem mostrou isso com todas as evidências foi a epidemia de Covid-19. Valha para todos o exemplo do italiano Mario Draghi, o superespecialista, superbanqueiro, superadministrador. Mas tudo isso entra dramaticamente em conflito com a democracia. Que sentido tem o «governo do povo», se quem governa são sempre os mesmos grupos de poder?

A pergunta não está apenas correta, mas é também necessária. O «governo dos especialistas» se destaca soberanamente na

....

41 Cf. M. Weber, *Economia e società. L'economia, gli ordinamenti e i poteri sociali* [1922]. Roma: Donzelli, 2019. Em português: *Economia e Sociedade:* fundamentos da sociologia compreensiva, 2. vols. Tradução de Regis Barbosa e Karen Elsabe Barbosa. São Paulo: Editora UnB, Imprensa Oficial, 2004.

esfera obscura da exceção. A confiança fideísta na sua habilidade esconde perigos imponderáveis. A política que se limita a seguir suas indicações se anula e se reduz a uma administração cujo ideal é a neutralidade e que, aliás, não tem mais ideais. Não importa que no mundo haja justiça, igualdade, solidariedade — importa é que seja bem administrado. O funcionamento da máquina torna-se um valor em si, enquanto o bom político não seria nada mais que um especialista dos especialistas, o hipertécnico da programação, que no melhor dos casos sabe escolher os meios de governar, mas não sabe mais por quê, com que objetivo, na verdade nem sabe mais escolher objetivos.

Que papel têm, portanto, o mercado financeiro internacional, as multinacionais, as indústrias farmacêuticas, os lobbies militares, a tecnocracia, o *management*? Mais uma vez o atalho complotista nos leva a passar da máquina à maquinação. O «Estado profundo» torna-se então o lugar secreto em que se aninha o estranho no familiar, onde os inimigos da nação, os *Decision Makers*, operam imperturbáveis. As intenções seriam múltiplas: confinar os cidadãos privando-os de toda liberdade, rastreá-los com microchips, coletar informações biométricas, saber sua geolocalização, espioná-los mediante um sistema de vigilância, controlá-los com telefonia móvel, telecâmeras e drones. A imersão gregária no mundo uniformizante permitiria a construção do consenso global. A engenharia social culminaria na ingerência genética: transplantes, clonagem, cruzamentos híbridos, passagens transumanas, transferência da consciência para o ciberespaço, substituição dos humanos por máquinas. A ameaça à integridade do vivente, a alteração sistemática da vida seria o resultado do novo biopoder que não conhece limites e inaugura o reino da morte também na geopolítica.

Assim os arquitetos da globalização, os artífices da integração mundialista, eliminando as fronteiras, apagando as diferenças, impediriam toda e qualquer comparação e contradição, a possibilidade de «pensar de outra forma», a possibilidade do contrapoder crítico. O planejamento de crises, guerras, epidemias, o terrorismo sanitário, a incerteza programada, o recurso a uma ameaça permanente, tornariam sólida e estável a Nova Ordem Mundial.

A «GRANDE SUBSTITUIÇÃO»
E OS PATRIOTAS DO QANON

Antes de realizar os dois ataques terroristas em Christchurch na Nova Zelândia, onde em 15 de março de 2019 perderam a vida mais de cinquenta pessoas, o supremacista branco Brenton Tarrant publicou online um manifesto intitulado *The Great Replacement*. Emergia daquelas linhas a obsessão, difundida na extrema direita, pela suposta extinção dos povos europeus, que seriam substituídos pelo fluxo de imigrantes. Muitos veículos da imprensa internacional, entre eles o «Le Monde», concordaram em questionar diretamente o escritor e ensaísta francês Renaud Camus, criador do mito da «grande substituição». Não foi essa, porém, a única ocasião em que as suas palavras carregaram a morte. Só alguns meses depois, o ataque à sinagoga de Poway, na Califórnia, e o massacre de El Paso, onde o agressor evocava uma «invasão mexicana do Texas», pareciam demonstrar que a ideia de um «desaparecimento da raça branca» já havia se consolidado, a ponto de catalisar uma violência difusa.[42]

---

42 Mas não menos preocupante é a notícia de uma pesquisa realizada na França em 2017, pela

Longe de ser patrimônio de segmentos extremos, o mito da «grande substituição» foi reproposto de diferentes formas, e muitas vezes tomado ao pé da letra, por soberanistas e neopopulistas de direita, de Salvini a Orbán, mas até por expoentes de uma esquerda nacionalista mistificadora. Apesar das condenações vindas de muitas partes, o imaginário da «substituição» parece bem sólido não apenas na opinião pública, mas também em certas vozes da cultura. É possível pensar no romance *Submissão*, de Michel Houellebecq.

Formulada já no *Abécédaire de l'innocence*, de 2010, e sobretudo no livro *Le Grand Remplacement*, publicado em 2011 e reeditado mais de uma vez, a tese de Camus é simples de ser resumida: um povo estável, que ocupa o mesmo território há mais de vinte séculos, será substituído no período de vinte anos por um povo vindo de fora. Os «autóctones», isto é, os nascidos no solo onde sempre habitaram, cujo pertencimento podem reivindicar, serão substituídos por

---

Fundação Jean-Jaurès e pelo Observatoire du conspirationnisme, segundo a qual quase metade dos entrevistados concordaram que a imigração é «um projeto político para substituir uma civilização por outra, deliberadamente organizada por elites políticas, intelectuais e midiáticas, à qual é oportuno pôr fim, enviando de volta esses povos de onde vieram». Cf. https://www.ifop.com/wp-content/uploads/2018/03/3942-I-study_file.pdf

imigrantes. Não se trataria de uma invasão bélica, como no passado, mas sim de um processo dissimulado que se cumpriria mediante «alteração», «dissolução» e «destruição». A identidade do povo originário — do francês em particular e do europeu em geral — seria assim irreversivelmente minada até ser apagada, graças a uma «submersão demográfica». Tudo seria des-originado, des-localizado, des-nacionalizado por uma «enorme máquina substitutiva» por meio da qual os indivíduos, em vez de serem reconhecidos como insubstituíveis, acabariam se equivalendo graças à ideologia da igualdade. A «nocência», a nocividade, a compulsão para prejudicar, levaria a melhor sobre a «inocência».

Os culpados? São as elites «mundialistas» que, em um silêncio aquiescente, sustentado por «mentiras» midiáticas, concordam e, mais, promovem o «substituísmo global». Seria este o totalitarismo do século XXI.

Mesmo que Camus tenha reiterado que a «grande substituição» não seria um conceito, mas um fenômeno, a sua «tese» não é nada mais do que uma visão complotista que — com acentos catastróficos e angustiantes — imputa aos representantes da superclasse mundial, vale dizer a um obscuro «poder substituísta», a intenção de agir para desintegrar a civilização europeia em favor de uma deliberada política «imigracionista». É impossível não notar aqui — como bem observou a historiadora Valérie Igounet — os ecos do «plano Kalergi», chamado assim devido ao nome do pan-europeísta Richard Coudenhove-Kalergi, a quem o negacionista e neonazista Gerd Honsik atribuiu, em 2005, o presságio de um fantasmagórico plano voltado para substituir os povos brancos.[43]

Velhos espectros europeus reemergem do passado recente. Se bem observado, o complotismo de Camus é a versão última, adocicada e atualizada, do «complô judaico mundial». Se, todavia, o autor, muitas vezes denunciado por revisionismo e incitação ao ódio racial, tentou dissimular sua evidente filiação antissemita, foi apenas para ludibriar mais facilmente a censura pública.

A reconstrução dos precedentes leva ao romance apocalíptico de Jean Raspail, *Le camp des Saints*, publicado em 1973, em que se descreve o «fim do mundo branco», afogado por milhões e milhões de imigrantes contra os quais os europeus se veem desarmados. O caminho de fuga em direção à Suíça, onde Raspail havia se refugiado, seria então a única possibilidade de salvaguardar o que resta da vida ocidental. Aconteceu que, precisamente numa época em que a ficção se torna realidade, o romance de Raspail foi fervorosamente aconselhado, por

---

43 Cf. V. Igounet e R. Reichstadt, *Le «Grand Remplacement» est-il un concept complotiste?*, *Fondation Jean Jaurès*, setembro de 2018: https://www.jean-jaures.org/publication/le-grand-remplacement-est-il-un-concept-complotiste/

Steve Bannon e por Marine Le Pen, como uma pertinente análise política.

Porém, voltando um pouco mais, é possível encontrar o mito da substituição já nas páginas do jornalista católico Eduard Drumont, o assim chamado «papa do antissemitismo», que em um best-seller de 1886, *La France juive*, havia prognosticado uma dominação judaica capaz de destruir o próprio país. Decisivo, no entanto, é o nome do escritor Maurice Barrès, expoente do revanchismo francês e propagandista antissemita durante o «caso Dreyfus», a quem se deve a própria ideia do *remplacement*. Renaud Camus não inventou nada, portanto, apenas destilou do antissemitismo manifesto a monstruosa obsessão pela substituição, inscrita há tempos no imaginário complotista.

Para provar que o *grand remplacement* nada mais é do que a adaptação digerível (para quem tem memória curta) do «complô judaico mundial», basta retomar as páginas de *Mein Kampf*. Diferente dos nômades, que ainda possuem um solo, mesmo que de modo incerto, os judeus — sustenta Hitler — arrastam uma existência «parasitária» às custas de outros povos autóctones que, tão logo conseguem desmascará-los, já os expelem e os banem. Como havia dito Arthur Schopenhauer, o judeu seria na verdade «um grande mestre da mentira». Esse povo finge ser o que não é, dá a entender que é assimilável, convence os anfitriões de que o judaísmo é só uma religião. Em vez disso, trata-se de *Fremde*, estrangeiros que, com uma bem clara estratégia política, minam por dentro a identidade das nações, envenenam seu sangue, corroem sua cultura.[44] De um lado, incitam a luta anticapitalista, do outro fazem explodir as fronteiras nacionais. E apenas para realizar a sua «fraude mundial», o complô para o poder.

Durante o pós-guerra, a ideia de um plano perpetrado pelos judeus com o objetivo de minar as populações europeias, adulterá-las, subjugando-as também graças à introdução de «negros» e «mongóis» é amplamente difundida em todos os ambientes da extrema direita. E a ideia se espalha logo também nos Estados Unidos, onde, no rastro do supremacismo branco, instila a suspeita de que inclusive as autoridades governamentais sejam, em seu silêncio, cúmplices de um complô que, sob o rótulo do multiculturalismo, visaria a apagar a «raça branca».

Origina-se daí a narrativa que encontra um de seus ápices no romance de 1978, *The Turner Diaries*, escrito pelo neonazista William Luther Pierce sob pseudônimo de Andrew Macdonald, um livro que fomentou violência e provocou morte. Um punhado de supremacistas, que se autodefinem «patriotas», assalta o Capitólio em Washington com a finalidade de derrubar o governo americano, seu Sistema conivente e

---

44 Cfr. A. Hitler, *La mia vita*. Milão: Bompiani, 1938, pp. 330 e seguintes. Em português: *Minha Luta*. São Paulo: Editora Centauro, 2001.

cúmplice. Durante o ataque muitos perdem a vida, dezenas e mais dezenas, inclusive os membros do Congresso e seus colaboradores. Tudo parece acabar na inutilidade daquelas mortes. Mas para os supremacistas, trata-se de uma vitória simbólica: «O verdadeiro valor de todos os nossos ataques está hoje no impacto psicológico, não nas vítimas imediatas. A partir dessa tarde eles sabem que nenhum deles está fora do nosso alcance».[45] Quem fala é o protagonista Earl Turner — mas poderia ser um adepto do QAnon, entre aqueles que em 6 de janeiro 2021, sob os olhares perplexos do mundo, participaram do ataque ao Capitólio, fomentado por Donald Trump.[46]

Logo depois, Pierce, um físico emprestado à política, fundador da National Alliance, que defendia sem meios-termos o extermínio dos judeus e de outros «impuros», escreveu *Hunter*, um romance publicado em 1989, com tons muito mais populistas, onde são contadas as façanhas de um veterano de guerra que tem por alvo casais mistos e ativistas de direitos civis.

45 Cf. I. Walker Fields, *White Hope. Conspiracy, Nationalism, and Revolution in The Turner Diaries and Hunter,* em P. Knight (org.), *Conspiracy Nation. The Politics of Paranoia in Postwar America.* Nova York-Londres: New York UP, 2002, pp. 157-76.

46 Outros ataques, incluindo o de Oklahoma City em 1995, também estão relacionados a esse livro.

A «questão judaica» se torna cada vez mais a do inimigo em casa, do poder oculto que, por meio da democracia igualitária, promove a «tirania multirracial».

Os acontecimentos do novo século reativam, então, um imaginário bem enraizado, reacendendo a ideia de que a migração é o resultado de um complô judaico voltado a substituir a «raça branca» por uma humanidade mestiça, híbrida e heterogênea. Na versão de Camus, o adjetivo é retirado (no fundo está subentendido), de modo a apresentar a migração como a «grande substituição», tacitamente garantida e, no final das contas, desejada pela «superclasse mundial». A conotação complotista permanece gritante no *Grand Remplacement*. Ainda mais sendo precisamente Camus quem fala de «poder substituísta». Angústia e incerteza pelas mudanças de época se condensam em uma doença identitária. Depois do fantasma de uma «Eurábia» submetida à sharia, que dominou a primeira década, floresce novamente aquele terrível e insuportável da «substituição». Para além da nova direita soberanista, a ideia de que tudo seja controlado torna-se uma opinião difusa, a ponto de repercutir nas políticas migratórias, onde se reafirma o direito do solo, nega-se a cidadania aos filhos de imigrantes e deixam-se morrer os naufragados. Na Itália, os barcos salva-vidas das ONGs são chamados de «táxis do mar», enquanto o coro populista acusa os partidos «permissivistas» pelos atentados no Mediterrâneo.

Não se trata apenas de um caminho mais curto pelo qual um fenômeno complexo como o da imigração atual se torna simples efeito de um complô organizado. A figura do imigrante, que ignora as fronteiras, carrega uma tradição e uma língua diferentes, desnacionaliza a força de trabalho, é aos olhos do sedentário autóctone o Outro absoluto, que condensa todas as inquietações do mundo global. Mas por trás desse nômade esconde-se mais uma vez o Judeu, o verdadeiro manipulador. Ninguém o corporifica melhor do que George Soros, especulador e filantropo, que vê com bons olhos o fim das soberanias nacionais e o advento de sociedades multiculturais, vale-se da imprensa para difundir essas ideias, incentiva os movimentos de cidadãos progressistas, financia ONGs e instituições humanitárias. Esse expoente do «Estado profundo» torna-se então o próprio símbolo dos «mundialistas» que mobilizam o *Grand Remplacement*.

O GOSTO EXTREMO
DO APOCALIPSE.
AQUELES INIMIGOS CÓSMICOS

S e as visões apocalípticas sempre foram tentativas de interpretar a própria época, nunca como no início do terceiro milênio o «fim», que agitou os séculos, vem assumindo contornos reais entre pandemias planetárias, endividamento desmedido, iniquidades e desigualdades, migrações irrefreáveis, colapso climático, exaustão dos recursos, mal-estar generalizado, absurdos sem fim. Prevalece uma espera coberta de angústia, carregada de apreensão. O sol negro desponta no céu poluído. A iminência do fim tem agora um caráter histórico, não mais apenas cosmológico. Somos os primeiros a ter de pensar que talvez sejamos os últimos. Nos milenarismos do passado era possível fantasiar sobre o fim, entre crenças, expectativas e delírios.[47] Hoje as inúmeras telas, que de outro modo são espelhos do tempo, entre gigantescos biodesastres e invasões alienígenas, refletem essa epopeia da destruição pontuada pela extinção da espécie humana e pelo desaparecimento do

---

47 Cf. N. Cohn, *I fanatici dell'Apocalisse* [1957]. Milão: PGreco, 2014.

planeta. A certeza histórica do fim assinala uma época que se desenha em um cenário apocalíptico em que faltam ressonâncias teológicas e esperanças políticas. O apocalipse se projeta em plena modernidade. A ideia de progresso se apaga e desaparece a confiança na possibilidade de interferir no curso dos acontecimentos, evitando o inevitável. Sofrimento e exploração sofridos no presente não encontram promessa de ressarcimento na justiça futura. Cada existência faz a sua história por si, dispersa e separada, em um destino singular, enquanto a História perde sentido e o mundo é uma trama indecifrável.

O pano de fundo do complô é o apocalipse, entendido não apenas no sentido comum de catástrofe, mas também no original de revelação. O mundo é dominado por uma potência maligna, destrutiva sem limites, uma força tirânica secreta, implacável e sem escrúpulos, que inflige tormentos e coleciona vítimas. Não há esperança de derrubá-la, mas se espera dissimulá-la. O véu enfim será rasgado. Bastará esse movimento para desmascarar o engodo. Uma vez desvelada, a força oculta perderá todo o seu poder. E será um novo início.

Em jogo está a integridade do mundo. O complô é na verdade cósmico. A trama se espalha por toda a parte no espaço e retrocede no tempo. Atrás das cortinas, os manipuladores controlam firmemente os fios, dirigem os acontecimentos históricos, controlam as questões humanas. Com eles não se pode chegar a um acordo, nem fazer concessões. Ou tudo ou nada. Contra o inimigo mundial a luta é titânica, o conflito é planetário, é o combate de uma era.

Para além da divisão maniqueísta entre Bem e Mal, o embate assume uma profundidade apocalíptica. Este ponto é decisivo. O inimigo não ameaça apenas uma nação: levanta-se contra a ordem mundial para alterá-la, miná-la, destruí-la. Portanto, a sua vitória significaria o fim da história, o ocaso da civilização e a morte do planeta. Vêm daí o ódio existencial, o enorme ressentimento, a angústia diante da salvação ou do nada, a paixão semiprofética com que a catástrofe final é evocada.

O confronto não acontece no espaço do conflito tradicional entre os Estados, em que as normas jurídicas sobrevivem, mas ocorre, em vez disso, além das fronteiras, em um âmbito metafísico em que não há trégua, nem compromisso e nem mesmo limite ao exercício da violência. A fratura é abismal, a hostilidade absoluta. Nenhuma ponte permite uma comunidade interpretativa. O oculto partido do Mal, entrincheirado no retromundo, permanece o inimigo a ser eliminado e, no entanto, inelimável.

Isso explica por que a despolitização atual do conflito é a antecâmara do complô. Os dois fenômenos estão estreitamente relacionados e é curioso que isso ainda não tenha sido devidamente percebido. O inimigo não é o de classe, nem o da nação rival. Pelo contrário, pode ser ou o extremamente próximo, como o inquilino anônimo do andar de cima, ou o extremamente distante, como «os burocratas de Bruxelas». Principalmente na web, essa luta primária — quase uma disputa pelo reconhecimento e pela própria existência — é desencadeada contra um «eles» de contornos obscuros, que deve ser insultado e agredido, uma pluralidade indiferenciada que se torna alvo de todas as pulsões destrutivas. O álibi é sempre uma defesa contra as forças maléficas que tornam a vida impossível. Não se deve de fato subestimar a violência dos ataques verbais que, mesmo quando são endereçados a um objeto circunscrito, escondem com dificuldade um fundo apocalíptico. A morte se aproxima sempre. Do «mercado financeiro internacional», que drena os recursos, até as organizações secretas do planeta (e quem sabe interplanetárias), que vigiam e manipulam, da «grande substituição» até a pedofilia e a perversão, dos «rastros químicos», esses venenos lançados pelos aviões, até a vacinação letal com o pretexto de um vírus: tudo remete ao crime perpetrado às escondidas, à transgressão última, à destruição final. A lógica complotista não funciona apenas remontando, mais ou menos indevidamente, o particular ao geral, mas também e sobretudo lendo todo acontecimento à luz do megacomplô cósmico. Eis por que não têm nenhum efeito as refutações voltadas a evidenciar sofismas e falácias. O complotista tem o gosto extremo pelo apocalipse. Vem daí o enorme sucesso de temas ocultos e sagas mágicas. Refloresce sempre a atmosfera de fim de mundo e a propensão para os fenômenos limiares da percepção.

O complotista que se lança sobre o limiar da realidade, nos confins entre o mundo aparente e o retromundo, defende o baluarte da civilização. Expoente da elite esclarecida, na vanguarda da prudência, percebe a maquinação antes que os outros, entre miopia e ingenuidade, possam reconhecê-la. Mas o limite é sempre também o do tempo que está por expirar. A angústia é aquela dos dias finais em que os acontecimentos se precipitam. Está em jogo toda a ordem, ou melhor, o mundo inteiro.

A vocação totalitária do complô vem à tona na imagem do inimigo, essa entidade fantasmática para onde convergem os muitos adversários cuja pluralidade faria duvidar da própria causa. O Inimigo é Um, mesmo quando é aquele «eles» indiferenciado do sistema ou da casta. Ubíquo e onipresente, é a máscara do poder sem rosto. Na construção do inimigo absoluto, que contém todos os passados e futuros, está, porém, também uma desumanização em que o universo todo, do micróbio ao cosmo, é mobilizado. Relegado à esfera subumana assim como à sobre-humana, o inimigo não é capturado no dispositivo, não é prisioneiro da engrenagem. Ao contrário, é o grande manobrista. O seu poder transcendente faz dele um agente livre e dinâmico, capaz de intervir sempre e em toda parte. Invisível e oculto, implacável e desalmado, entre o maligno e o anticristo, tem traços demoníacos e aterrorizantes.

O inimigo, com a sua força estranha, refugia-se na obscuridade, que é o lugar também das bestas imundas. Por isso existe, como notou Girardet, um verdadeiro «bestiário do Complô», que compreende tudo aquilo que rasteja e se infiltra, aquilo que se esgueira e é viscoso, que traz sujeira e infecção: a serpente, o rato, a sanguessuga, o polvo.[48] Mas a imagem privilegiada, dentro desse conjunto repugnante, é a da aranha que, ágil, negra, paciente, tece os fios envolvendo a vítima até abocanhá-la e devorá-la. Olhando mais de perto, a teia da aranha é o próprio símbolo do complô, a sua representação mais evidente.

Mesmo ali onde pareceria ter um nome, o manipulador aparece sob uma forma animal; a sua figura se transforma monstruosamente. Como no caso de Rothschild, o «banqueiro» de todos os banqueiros, cuja mão voraz se torna, na iconografia tradicional, um polvo capaz de, com seus tentáculos, com suas mil ventosas, imobilizar a vítima antes de vampirizá-la. A máscara subumana assimila e apaga o rosto.

---

48 Cf. R. Girardet, *Mythes et mythologies politiques*. Paris: Seuil, 1986, pp. 44 e seguintes. Em português: *Mitos e mitologias políticas*. Tradução de Maria Lúcia Machado. São Paulo: Companhia das Letras, 2019.

O que quer dizer desmascarar? Não consiste apenas em atribuir um fenômeno às intenções escondidas do culpado. Quer dizer também retirar o véu do inimigo, fazê-lo sair daquela invisibilidade em que afinal de contas está guardado o seu poder, dar a conhecer o truque, expor o seu engodo. A revelação coloca à vista de todos a agressão do manipulador, de quem são divulgados identidade e objetivo. O rasgo do véu, que rasga o retromundo, anula-o, inutiliza-o, tem um valor místico-esotérico. Quem sabia muito bem disso era Hitler, o mais perverso desmistificador de complôs, que não ignorava o potencial de mobilização encerrado naquele gesto apocalíptico capaz de convocar para a última batalha redentora. O desmistificador, isto é, o porta-voz do engodo, é ao mesmo tempo médico e profeta: por um lado cura, por outro invoca a salvação.[49]

Mas desmascarar é também um manifesto ato de acusação dirigido contra os membros do complô, aqueles que tecem as tramas ocultas e que são chamados a responder. Desmascarar, acusar e enfim condenar. Irrevogável, definitiva, a condenação moral é um estigma sem apelação. Quem

---

49 Cf. P. Burrin, *L'antisemitismo nazista* [2004]. Turim: Bollati Boringhieri, 2004; cf. D. Di Cesare, «Antisemitismo», em *Enciclopedia Treccani. Lessico del xxi secolo*. Roma: Istituto dell'Enciclopedia Treccani, 2021, pp. 61-66.

lança a acusação de complô declara-se vítima. É então compreensível que se defenda do inimigo oculto finalmente desmascarado.

Como sempre se trata de uma luta entre o Bem e o Mal, entre as forças da luz e as das trevas, é indispensável uma vitória absoluta e incondicional. Não é possível existir acordo com esse maligno impiedoso que, se não for eliminado, deve ser ao menos desalojado e expulso do retromundo onde opera. Desenrola-se assim a espiral de uma vitória tão desafiadora quanto fantasmática, que exacerba frustração, ressentimento e sensação de impotência. Para o imaginário complotista, bater o inimigo não é meio para alcançar um objetivo, mas é o objetivo em si.

Por isso o inimigo é sempre necessário. Serve na verdade para aglutinar e definir a identidade do grupo ressentido e vitimado, ainda mais se é uma nação de laços frouxos e instáveis. O desmistificador, o porta-voz do engodo, em vez de indicar uma saída, evoca a catástrofe, apresentada como um cenário inexorável, apoiando-se em um medo indeterminado, em uma angústia difusa e sufocante. Graças a essas habilidades fobocráticas, ele conduz e orienta o público de seguidores e adeptos, os followers, levando-os não a considerar o problema, e a eventual solução, mas sim a colocar na mira o inimigo, responsável pelo desastre. Condensa-se a comunidade do «nós» na intolerância e na repulsa em relação ao «eles», aqueles dos poderes fortes. Essa elite de superopressores, de forças demoníacas dotadas de uma capacidade destrutiva quase biológica, é um corpo estranho, inassimilável. São os «internacionalistas», os «cosmopolitas», os «comunistas», que atentam contra a soberania nacional. Aqui, porém, o comunismo é apenas um rótulo, atrás do qual fervilham atividades sórdidas. O mesmo vale para o capitalismo, que não é um sistema, mas apenas a corja do «mercado financeiro internacional». Não vale a pena, portanto, ocupar a fábrica para defender os salários, porque o responsável não é o capital produtivo, mas o predatório do mercado financeiro. Esta distinção, inaugurada pelo nazismo, volta a se afirmar com sucesso. No topo de tudo, à frente do partido do Mal, está o «banqueiro», símbolo, no imaginário populista, de toda espoliação. O «mercado financeiro internacional» é um conluio — como o termo sugere — com os internacionalistas. E eis que daquele retromundo, com um movimento surpreendente, aparece o «banqueiro comunista», um Rothschild que tem aparência de Marx, um Soros que lidera as ONGs.

Símbolo da dominação indireta, o «banqueiro comunista» chefia o Partido do Mal, que é constituído por monopólios internacionais e forças estrangeiras. Pensando bem, é o Partido dos Estrangeiros. Eis a horda inimiga — a dos substituístas e dos imigrantes, das multinacionais, dos saqueadores e invasores de toda espécie, dos agentes da técnica, dos pervertidos, daqueles que querem prejudicar a segurança, contaminar a identidade do «nós». Estrangeiros fora e estrangeiros dentro, são em ambos os casos inassimiláveis. Por trás da rede, a puxar os fios, está o estrangeiro dos estrangeiros, recôndito, invisível e intangível, extra e subumano. Em resumo, pelos poucos traços que restam, um Judeu metafísico.

Na era da globalização, dessa obra demoníaca em que tudo é adulterado e contaminado, o complô é ainda mais difícil de desmascarar. O inimigo recorre aos métodos de sempre: manipula a imprensa, propaga *fake news*, comanda os políticos, influencia as mentes, controla o sistema educacional; mas também reativa truques secretos com novas fórmulas. A começar pelo vírus, o gênio do mal da estraneidade, tão abstrato e imaterial quanto mortífero e funesto. Alteração garantida, portanto, se não com a infecção epidêmica, ao menos com a vacinação pilotada secretamente pelas grandes empresas farmacêuticas que, às custas da saúde dos cidadãos, têm por objetivo o próprio lucro. Mas por trás da Big Pharma ainda estão sempre os grandes manipuladores.

A política se torna um processo de descontaminação. Quem mostrou bem isso foi Trump, que, no entanto, não é o único exemplo. Além de prometer suprir o caos democrático, apresentou-se como o curador do corpo doente da nação, capaz de purificá-lo de tudo aquilo que o polui — criminosos negros, imigrantes mexicanos, feministas e transgêneros, deficientes e enfermos — e de defendê-lo de toda ameaça com muros, fronteiras e proteções. No âmbito interno, a polêmica é simplificada, cobrem-se as falhas, alisam-se as rugosidades, deixando que se abra o abismo da fratura entre «nós» e «eles», as vítimas e os «poderes fortes», a América, pura e mística, e o *Deep State* que a prejudica e ameaça. Cria raízes aqui o QAnon. A pandemia provocada pelo vírus estrangeiro, prova hiperbólica de todas as ameaças, leva uma vez mais à descontaminação imunitária.

POPULISMO E COMPLOTISMO

A população é ameaçada, traída. A suspeita reforça a perplexidade e a desconfiança em relação às autoridades políticas e às instituições públicas, acusadas de atender aos próprios interesses de «casta», completamente contrários aos interesses dos cidadãos comuns. Que fim levou então a soberania do povo? A democracia se revela uma pseudo-democracia, isto é, o simulacro de um poder exercido em outro lugar e com outros fins. Nos bastidores, percebem-se as manobras de forças obscuras provenientes do exterior, de elites a serviço de estrangeiros. O complô se inscreve no imaginário populista do poder.

É sabido que o populismo não é uma invenção recente e que assumiu aspectos diversos ao longo da história. Até mesmo a definição foi fonte de debates acalorados nos últimos anos. Certo é que o termo, usado como geralmente acontece em tons polêmicos, pode se tornar um estigma. No debate público, entende-se por «populista» um estilo político baseado em teses simplistas, argumentos grosseiros, juízos lapidares e de fácil apelo ao bom senso comum. Muitos concordam, no entanto, em reconhecer que o populismo se constitui em torno da tensão entre povo e elite. Portanto, é um modo de ver a sociedade separada em dois grupos antagonistas: de um lado a elite corrupta e alheia, de outro o povo, uno, puro, homogêneo, de cuja vontade geral a política deveria ser expressão. Como defendeu Cas Mudde, um dos estudiosos maiores, trata-se então de uma *thin ideology*, uma ideologia fina que, passando transversalmente pela divisão extrema entre direita e esquerda, presta-se a ser combinada com outras.[50]

Seja qual for o ângulo de onde se vê, o populismo aparece como um meio formidável de mobilização do povo contra o sistema que, valendo-se do ressentimento e utilizando-se da ansiedade generalizada, denuncia o complô, a tramoia, a corrupção do establishment, os seus engodos, as fraudes sem punição e reiteradas que prejudicam as pessoas simples. Especialmente nas mais recentes formas do neopopulismo, o tom central é o do complô.

O que não significa, obviamente, que todo o populismo, como quer o senso comum, seja execrável ou deva ser lido pela chave do complô. Não estava de todo errado o argentino Ernesto Laclau quando, já nos anos 1970, sublinhando o potencial antagônico, via no populismo uma força de emancipação capaz ao mesmo tempo de reintroduzir o conflito em uma vida

---

50 Cf. C. Mudde e C. Rovira Kaltwasser, *Populismo. Una breve introduzione* [2017]. Milão: Mimesis, 2020.

política esvaziada por um consenso fantasmático e de conduzir assim a uma democracia radical.[51]

Mas, no cenário atual, a simplificação dos conflitos acabou por reduzi-los a um embate maniqueísta entre dominantes e dominados, enganadores e enganados, povo e elite. A demonização da elite caminhou lado a lado com uma exaltação do «povo», entendido não como plebe, ou proletariado, mas sim cada vez mais como uma comunidade de origem e de destino. Não *démos*, mas *éthnos*. É esse o deslizamento de um populismo contestador para um populismo identitário, onde o povo deveria proteger uma unidade substancial e uma identidade permanente.[52]

À concepção monista da elite corrupta, que detém o poder, opõe-se a ideia integral, e integralista, do povo autêntico, comunidade imaculada e incorruptível. A separação é nítida, a ruptura inspira-se na purificação e na salvação. A linha demarca também quem pertence e quem não pertence. O povo não reivindica somente o monopólio da vontade geral, em sua transparência e imediatez, mas avança também na pretensão de impor fronteiras sob o

---

51 Cf. E. Laclau, *La ragione populista* [2005], D. Tarizzo (org.). Roma-Bari: Laterza, 2019. Em português: *A Razão Populista*. São Paulo: Três Estrelas, 2013.

52 Cfr. P.-A. Taguieff, *L'illusione populista* [2002]. Milão: Mondadori, 2003, pp. 136 e seguintes.

pretexto da identidade. Não há fissura, nem diferença, nem dissenso que possa atravessar a substância homogênea do povo. Em torno da mística do seu corpo intangível, sonho de uma comunidade totalmente reconciliada consigo mesma, desenha-se a antipolítica do novo populismo. Que sentido teria na verdade a política diante de uma compactação totalizante?

Enquanto o *démos* escorrega para o *éthnos*, o de cima desliza e desvia para o exterior. A aspiração hiperdemocrática (iniciativa popular, referendo, democracia direta) se torna desilusão hiperdemocrática que visa a desmascarar o caos e a fraude do sistema democrático. Raiva e indignação direcionam-se não contra a classe dominante, mas sim contra a elite que governa de dentro recebendo ordens de fora. É assim que «mercado financeiro internacional» e «invasão dos imigrantes» revelam-se as duas faces desse poder contra o qual avança o novo populismo nacionalista, ou melhor, nativista, que ergue a bandeira da identidade e defende a exclusão. Cidadania apenas para os nativos, direitos apenas para os cidadãos. Este primado se traduz na política de um Estado providência que protege os «incluídos», que defende a comunidade étnica e a coesão integral de cultura e valores próprios contra o capitalismo globalizado, o mundialismo e tudo aquilo que, vindo de fora, corrompe, altera, contamina.

Quando um populista chega ao poder, a questão não muda — na verdade, tudo fica ainda mais claro.[53] De Chávez a Bolsonaro, de Orbán a Trump, o populista no governo se identifica com o «povo», é o seu porta-voz direto, é quem o protege das forças obscuras que manobram nas sombras, é quem não tem medo de revelar o complô. Vírus chinês, imperialistas, estrangeiros, homossexuais, judeus — são esses os inimigos, os grandes da globalização, os tecnocratas, as elites mundiais, essas forças nefastas e deletérias que destroem o «povo».

Xenofobia e complotismo, aspectos de uma mesma aversão por aquilo que é externo e estranho, unem-se na autodefesa da democracia imunitária que separa os favorecidos imunizados de dentro daqueles que estão expostos lá fora. Assim como o totalitarismo foi no século XX, agora no século XXI o populismo complotista é a forma autoimune e destrutiva que a democracia assumiu em uma vertiginosa automutilação.

---

53 Cf. R. Muirhead e N. L. Rosenblum, *A Lot of People Are Saying. The New Conspiracism and the Assault on Democracy.* Princeton: Priceton University Press, 2019, pp. 62 e seguintes.

A CONDIÇÃO DE VÍTIMA E A IMPOTÊNCIA POLÍTICA

Quem denuncia um complô não se limita a rasgar o véu apontando o dedo contra o suposto autor, e não apenas incita a mobilização contra esse inimigo, mas também se declara vítima. Esse passo adicional é geralmente negligenciado. Ignora-se assim a cumplicidade entre a condição de vítima e o cenário complotista. Apenas olhando com profundidade essa relação, de outro modo escapadiça, pode-se compreender a difusão do complotismo nas suas novas formas.

A irrupção da vítima no espaço público é um fenômeno recente que — conforme diferentes conjunturas históricas e linhas que acabaram por convergir — se desenha a partir da metade do século passado. Antes, a vítima não parecia interessante em si; o seu sofrimento, o seu trauma, as feridas passavam geralmente em silêncio e não tinham de modo algum um significado equivalente àquele da violência perpetrada sobre a comunidade. O crime precisava ser combatido não tanto porque havia prejudicado a vítima, mas porque havia prejudicado a ordem.

Quem inaugura um novo capítulo são as guerras mundiais, nas quais um enorme número de civis perde a vida e que culminam sobretudo em um genocídio. A sensibilidade para as discriminações sofridas pelas mulheres e pelos mais frágeis torna-se mais aguda. A irrupção das vítimas na cena da história provoca numerosos efeitos políticos, éticos, jurídicos, intelectuais. Não apenas se dissolve o limite entre esfera privada, na qual uma vez se consumava a dor, e esfera pública, na qual se exige uma reparação sob o olhar de todos. O emergir da vítima assinala a crise das instituições e o enfraquecimento do Estado, cuja soberania parece em risco. Fala-se da vítima e não do combatente, pois o sacrifício pela pátria parece não ter mais sentido. Ponto de referência para quem sofreu violências e perseguições são as organizações humanitárias que, além de substituírem o Estado, que já não dá nenhuma garantia, com frequência o colocam sob acusação. A justiça pedida pelas vítimas vai além das fronteiras nacionais. Ao apagamento de velhos limites, à abertura de espaços políticos inéditos, junta-se o emergir de uma figura que, tendo permanecido quase invisível, assume então um papel decisivo na modernidade contemporânea.

A vítima não pede nada além de reconhecimento — aquele negado por tantos séculos. Se a violência era antes considerada a partir do autor, como violência perpetrada, a mudança de perspectiva foca a atenção no perseguido, no sobrevivente, no indefeso que sofreu o crime. Além da pena infligida ao culpado, a vítima, os seus herdeiros e os seus parentes não pedem apenas que seja reconhecida a própria experiência vivida, individual ou coletiva, mas reclama também uma reinserção na comunidade. Após ter sido humilhada, a vítima na verdade correria o risco de ser descriminada mais tarde. Eis porque não se implora tanto por compaixão quanto por acolhimento.

O quadro não estaria completo, porém, se não fosse acrescentado o fato de que a presença da vítima no espaço público pode ser a fonte de uma deriva política. Não se trata apenas dessa narração individual do próprio sofrimento, do próprio drama, que afirma o ponto de vista único e, dentro do tribunal, pode ser obstáculo a um julgamento justo. O que vale, aliás, também para o Tribunal da História. Mas o nó da questão é eminentemente político e está na tentação da vítima.

O abuso e o excesso se traduzem na maioria das vezes em arrogar para si um papel que, se examinarmos bem, pertenceria a outro. A concorrência entre vítimas, a disputa pelo primado do sofrimento, é agora quase um espetáculo cotidiano. Mas que sentido pode haver nessa vitimização? No contexto de uma violência intermitente e generalizada, em que os riscos se multiplicam, é inevitável sentir-se continuamente exposto. Tanto é que o próprio Estado, enquanto promete uma proteção que não pode dar, permite que se acendam focos de apreensão que facilitam o governo de uma comunidade passiva e submissa. A fobocracia, o poder exercido por meio da emergência sistemática, do alarmismo prolongado, pode ser o termo chave para a nova governança neoliberal. Em uma situação assim, agravada muitas vezes pela reverberação midiática, não é difícil entender por que todo mundo se sente vítima em potencial. Isso vem acompanhado de desconfiança e suspeita em relação aos poderes institucionais, que parecem displicentes, incapazes e totalmente ausentes.

O emergir da vítima assinala assim a despolitização do espaço público. Desse modo, cada um, sentindo-se um possível alvo, pelo costume às ameaças e pela sensação de segurança extrema, declara-se preventivamente vítima. É inclusive um passo na direção de reivindicar direitos que com frequência são reconhecidos e concedidos por essa via. Não se trata, portanto, somente de um pedido de proteção, mas também de ampliação da própria esfera no espaço público. Em resumo, a vítima tem um poder sem precedentes.

Porém, no final das contas é sempre um poder negativo, caracterizado por aquilo de que a vítima foi privada, que perdeu ou que sofreu. Justamente por esse papel, de interdição e proibição, a vítima se entrega à impotência, na qual, aliás, acaba por se entrincheirar. Dessa forma, endossa uma lógica ao mesmo tempo destrutiva e autodestrutiva que, se por um lado contribui para o esvaziamento da política, de outro leva a vítima a se debater em um labirinto cada vez mais espectral. Também sob esse aspecto, o complô está estreitamente ligado à condição de vitimização. Fredric Jameson falou acertadamente de «poor person's cognitive mapping», para indicar esse modo de se orientar no complexo cenário do capitalismo avançado dos pobres (mas também dos incautos), que acaba encontrando sociedades secretas e secretos agentes, em vez de confrontar os verdadeiros opressores.[54] Nesse sentido, o complô é um diversionismo político.

---

54 Cfr. F. Jameson, *Cognitive Mapping*, em C. Nelson e L. Grossberg (orgs.), *Marxism and Interpretation of Culture*. Londres: Macmillan, 1988, p. 356; cf. também F. Mason, *A Poor Person's Cognitive Mapping*, em Knight (org.), *Conspiracy Nation*, pp. 40-56.

HERESIA COMPLOTISTA?
UMA CRÍTICA A ECO

Assim como acontece com outros fenômenos complexos que agitam a democracia contemporânea, também o complotismo pode ser considerado sob diversos aspectos, e entendido ou como sintoma obscuro, e todavia eloquente, de uma profunda crise, ou como a relíquia de um passado obscurantista que deve ser simplesmente condenado. Neste último caso, sarcasmo e censura se alternam para deslegitimar esse espírito ilusório e conservador que de tempos em tempos ressuscita sem ter, no entanto, nenhuma chance de se impor. Tal perspectiva, mais simplista e mais tranquilizadora, em geral é a acolhida pelo consenso sob aplausos imediatos.

O expoente talvez mais respeitável do anticomplotismo dominante é Umberto Eco. Se considerarmos atentamente a sua enorme produção, as páginas críticas dedicadas ao tema do complô são muito reduzidas e se encontram no ensaio *Os limites da interpretação*, de 1990, e na coletânea *Pape Satàn Aleppe. Crônicas de uma sociedade líquida*, de 2016. Mais decisivo é o universo dos seus romances, que não apenas contém uma reflexão nas entrelinhas, suficientemente subentendida, mas se desenvolve em torno de uma trama, no enredo de um grande complô. Erro atávico, desvio primitivo que corre o risco de mudar o curso histórico e minar a cultura ocidental, crença superada, mas ainda sedutora, o complotismo é para Eco a expressão de uma irracionalidade profunda, o signo de uma regressão civilizatória.

Cenário tétrico das mortes misteriosas que se sucedem na paz aparente de uma abadia beneditina do norte da Itália, a heresia complotista já é a trama do primeiro romance, *O nome da rosa*, publicado em 1980. Mas caracteriza-se de modo ainda mais decisivo em *O pêndulo de Foucault*, de 1988, que talvez Eco considerasse a sua verdadeira obra-prima, e por fim em *O cemitério de Praga*, de 2010. Poderíamos acrescentar ainda outros títulos a esses mais significativos. O certo é que, entre as dobras dos seus romances, obviamente suscetíveis a outras leituras, Eco lança um ataque com a intenção de desacreditar toda e qualquer heresia complotista e de colocar em alerta os seus leitores a respeito desse grave perigo.

Sob muitos aspectos, a abordagem de Eco não é particularmente original. Remete na verdade a Popper por sustentar que o complotismo é a reação compensatória à lacuna deixada no imaginário ocidental pela ideia de Deus. Nenhuma instância parece mais garantir o Bem, nem principalmente responder ao Mal. Essa secularização inacabada tornaria vulnerável a sociedade contemporânea, expondo-a à irracionalidade.

A crença no complô seria uma superstição que exime de qualquer responsabilidade.

Eco, entretanto, vai mais longe e enxerga no complotismo o fenômeno mais perigoso da irracionalidade moderna, associando-o ao hermetismo e gnosticismo antigos, do qual seria uma reedição póstuma. Mas por quê? De que modo uma corrente filosófico-religiosa como o hermetismo e um complexo de doutrinas iniciáticas como o gnosticismo, florescidos ambos no mundo helenístico-romano, poderiam ser presságios antigos do complotismo atual?

O ataque de Eco recai sobre os cultuadores de Hermes, o deus volátil e ambíguo, pai de todas as artes, mas também protetor dos ladrões, em cujo mito são rechaçados o princípio de identidade, de não contradição e do terceiro excluído, enquanto os elos causais enrolam-se em espirais infinitas. Os herméticos passam de um livro a outro na interpretação obsessiva de uma verdade que escapa e na busca espasmódica de linhas secretas onde «tudo se amarra». Ainda mais severo é o julgamento que atinge os gnósticos, que, convencidos de que são «jogados» em um mundo gerado pelo mal, abandonam-se a um sentimento de desconfiança e estranheza; por se sentirem exilados, incômodos, elaboram um desprezo por quem não percebe a mesma negatividade e presumem ter uma tarefa equivalente à do super-homem. Tanto os herméticos quanto os gnósticos são questionados por que, «em uma época de ordem política e de paz», isto é, a do Império romano, em que todos os povos «parecem unidos por uma língua e uma cultura comuns», os adeptos de uma seita e de outra contestam irracionalmente tal ordem.[55] Se os herméticos se deixam levar por sua ilusão onírica de mudar o mundo, os gnósticos nutrem o desejo de aniquilá-lo.

De um lado a desconstrução, de outro a destruição. As flechas de Eco são direcionadas contra os novos herméticos e os novos gnósticos, nos quais enxerga os expoentes das correntes culturais, filosóficas e políticas, do estruturalismo à hermenêutica, que predominam nos anos em que escreve. Por outro lado, não faltam referências explícitas a Nietzsche, Heidegger, Deleuze, Foucault, Gadamer, Derrida, Chomsky, etc. Eis, portanto, a cultura pós-moderna, irracional e anticientífica, que prejudica a confiança no progresso e contesta a ordem de uma época pacífica e unitária. Dessa vez não é a *pax romana*, cuja violência e repressão Eco deve ter eliminado, mas sim a *pax democristã*. O cenário é o da Itália abalada pelo caso Moro, pelos conflitos políticos extremos, mas também por ataques terroristas, tentativas de golpe e massacres

---

55 U. Eco, *I limiti dell'interpretazione* [1990]. Milão: La nave di Teseo, 2016, pp. 59 e seguintes. Em português: *Os limites da interpretação*. Tradução de Pérola de Carvalho. São Paulo: Perspectiva, 2015.

brutais, sobre os quais paira a sombra dos serviços secretos degenerados.

Mas, além do seu julgamento sobre aquela época, e da discutível estratégia instrumental com que integra ao presente duas abordagens do passado, o problema é o estigma de «irracionalidade», com o qual rotula o complotismo e as suas supostas pre-figurações. Quais são as suas razões e qual a racionalidade a que se agarra? Quais os critérios usados para distinguir um complô real de uma síndrome do complô?

Essa atitude básica permanece nos romances — só que a ficção toma o lugar da denúncia e são os personagens que revelam os traços da irracionalidade hermético--gnóstica do complotismo. Não é apenas Simonini, arquétipo do odiador e do falsário inveterado, que redige os *Protocolos*, evangelho do antissemitismo moderno. Mais emblemático é Belbo, protagonista do romance *O pêndulo de Foucault* (um título sobre cujas assonâncias muito se escreveu), que é o espectador de um mundo onde nenhuma ação parece mais possível. Movido por impotência e frustração, acaba por aderir a crenças heterodoxas e por entrar em círculos esotéricos e sectários. Também os seus amigos Casaubon e Diotallevi são tomados por uma espécie de ocultismo obstinado, que os induz a crer na existência de um complô cósmico. Mas os três acabam sucumbindo, destruídos pelo seu próprio visionarismo, pela imprudente evocação do falso que se torna real e do real que se torna falso. Por trás de seu Apocalipse visionário destaca-se o Apocalipse dos «anos de chumbo», italianos e europeus.[56]

O complô em que se estrutura o primeiro romance, *O nome da rosa*, é inspirado nas profecias narradas pelo *Apocalipse*. Se o velho monge Jorge de Burgos pode espalhar veneno sobre o manuscrito fatal, a última cópia remanescente do II livro da *Poética*, de Aristóteles, dedicado à comédia e ao riso, é porque, à luz de sua crença complotista, ele se sente apenas o executor, não o culpado, por aquelas múltiplas mortes já inscritas em um plano divino. O sagrado se confunde com o profano em uma secularização falha e em uma modernidade não concluída: assim Eco resolve o enigma de cada complô.

O dedo está apontado contra a esquerda radical, aquela dos gnósticos complotistas que, tomados por um delírio apocalíptico capaz de se transformar em loucura destrutiva, esperam por um «evento final que determine a subversão do mundo, a implosão, a catástrofe regenerativa».[57] Mas junto com a esquerda radical, a condenação se estende à cultura e à filosofia que lhe são subjacentes e em que Eco quer perceber, ao menos de forma embrionária, a heresia complotista.

---

56 Cf. Id., *Il pendolo di Foucault* [1988]. Milão: La nave di Teseo, 2018. Em português: *O pêndulo de Foucault*. Tradução de Ivo Barroso. Rio de Janeiro: Record, 2006.

57 Id., *I limiti dell'interpretazione*, p. 68.

Variante moderna de um obscurantismo antigo, regressão civilizatória, regurgitação de um estágio pré-racional, o complotismo é condenado por Eco em nome do racionalismo — iluminista antes e positivista depois. Esta seria a única linha admissível na evolução ocidental que, apesar dos desvios irracionais, segue adiante marcada pelo ideal tecnocientífico. Não importa que haja crises provocadas justamente por essa racionalidade que tornou o mundo ilegível. Eco acredita firmemente no progresso; na sua concepção fatalista da história não há espaço para irracionalidades dissonantes.

Voz oficial do progressismo moderado, que saiu vencedor na Itália dos «extremismos opostos», intérprete sagaz do espírito do tempo, de um distanciamento conformista e pacificador, Eco faz da cultura humanista uma atividade lúdica, um passatempo erudito, no fim do qual é reafirmada a racionalidade do *status quo*, apenas passível de aperfeiçoamento aqui e ali. O complotismo se torna o inimigo número um, herdeiro da filosofia da suspeita que Eco vê como uma cortina de fumaça.

Não é, portanto, esse anticomplotismo ordinário, tão aparentemente bondoso quanto no fundo rígido, que pode apontar o modo de considerar o fenômeno na sua complexidade e procurar um caminho de saída.

TRANSPARÊNCIA E SEGREDO. SOBRE A IMPRENSA

O desejo de transparência permeia a democracia desde suas bases, sustentando-a e, ao mesmo tempo, inquietando-a. Esclarecer, iluminar, revelar, desmascarar, desvendar, decifrar, resolver — chegar enfim à verdade. Nunca mais mistérios, mentiras, manipulações. A aparência estará perfeitamente de acordo com a realidade. E toda a suspeita será supérflua.

Os complotistas são militantes convictos da transparência. Ao contrário do que se poderia supor, não se refugiam na superstição, não se evadem na irracionalidade, mas são, em vez disso, hiper-racionais e se revelam, se analisarmos bem, os herdeiros mais extremistas dos ideais iluministas. Tudo o que está escondido deve vir à tona. O oculto, o secreto, o recôndito não têm mais razão de existir. Mais: o mistério deve ser abolido. Para dizer com todas as letras (e com o maniqueísmo de praxe): o Bem é o princípio normativo da transparência e o Mal é o seu obstáculo. São as elites corruptas, as forças ocultas, as mídias mistificadoras. Mas o poder reside no secreto.

Foi Georg Simmel quem ressaltou, em seu importante ensaio de 1908, os efeitos ambivalentes que o segredo pode exercer na vida social. A propósito disso não se pode esquecer de que o latim *secretum* vem de *secernere*, ou seja, colocar à parte, separar, excluir; o que é secreto está separado, apartado, posto de lado e, nesse sentido, mantém-se escondido. Simmel insiste naquilo que chama de «atrativo do segredo», que confere sempre um quê de exclusivo, uma posição excepcional.[58] O prestígio do segredo, o crédito de que goza, a sugestão que exerce não dependem então do seu conteúdo, que na verdade poderia ser inclusive vazio. O passo seguinte — acrescenta Simmel — é um erro típico, uma subversão sistemática, de modo que, aos olhos da maioria, toda personalidade superior deve ter um segredo. Supõe-se que quem tem poder tenha um saber a mais e oculto. É nesse momento que o segredo é execrado, demonizado. No entanto, não é o segredo que será ligado ao mal, mas sim o mal ao segredo. O maligno, o imoral, o desonesto tenta se esconder; o contrário, porém, não funciona.

É possível intuir por que motivo, de um lado, o segredo representa uma barreira e,

---

58 G. Simmel, *Il segreto e la società segreta,* em Id., *Sociologia* [1908]. Introdução de M. Guareschi e F. Rahola. Milão: Meltemi, 2018, pp. 437-509, p. 463. Em português, o ensaio «A sociologia do segredo e das sociedades secretas», traduzido por Simone Carneiro Maldonado, pode ser encontrado online.

de outro, é um estímulo constante para rompê-la. A tentação de transgredir, profanar, divulgar já faz parte do atrativo do segredo. Mas o estímulo para elucidá-lo aumenta de modo hiperbólico na sociedade democrática. A transparência, tendo se tornado valor e norma, não pode mais tolerar nenhuma margem de obscuridade, nem resquício de opacidade. Aqui o complotismo finca raízes, prometendo apagar em um só golpe todos os mistérios, resolver imediatamente qualquer enigma. Basta penetrar no coração do segredo para fazê-lo desaparecer. O que é possível graças ao esquema colocado à prova do complô, que garante clareza absoluta. Essa dessacralização responde em todos os sentidos ao espírito da modernidade, à obrigação mais ou menos explícita de não esconder nada, ao imperativo incondicional da «publicidade».

Mas a tentativa de esclarecer tudo acaba por surtir o efeito contrário. Atrás de cada complô revelado pressupõe-se um complô mais recôndito. Enquanto o mistério aflora novamente, continua sendo projetada a sombra do invisível. Não mais, porém, no além divino, mas sim no espaço humano, que se povoa de espectros, figuras ameaçadoras, inimigos malignos. Toda a invisibilidade se condensa no poder, oculto por definição. Assim a sociedade da informação alimenta o imaginário da sociedade secreta. Toda revelação aponta para um mistério ainda por revelar. A informação se torna uma máquina que produz uma obscuridade mais profunda. Porque é inexaurível a demanda de revelação em um mundo que ainda não conseguiu se livrar do absoluto. Somente a certeza do complô pode dissipar a dúvida e interromper a espiral. A transparência normativa é, portanto, a outra face do complotismo.

A ilusão de ter encontrado o fio da meada, de ter finalmente alcançado o cerne do enigma, logo dá lugar ao amargo desengano e à frustração. Em vez de ser um universo ordenado e legível, o mundo parece se precipitar novamente no caos. Absurdo e *nonsense* prevalecem, enquanto por toda parte ressurgem não ditos, zonas de sombra, perguntas sem resposta. É nessa lacuna entre o sonho da transparência e o despertar na via obscura dos acontecimentos, entre a miragem da imediatez e o choque da opacidade, que o complotismo floresce e prospera.

O cidadão perplexo e desorientado, que não consegue se desenredar da complexidade crescente, que não sabe filtrar e interpretar o enorme fluxo de informações a que está exposto, acaba por ser um complotista em potencial. Dados em excesso, notícias em excesso, e um redemoinho de versões diferentes, não raro opostas. Em quem acreditar? Certamente não na «versão oficial», aquela das mídias coniventes com os «poderes fortes», cúmplices das «forças ocultas», causa de todos os males, que têm além de tudo o interesse de ofuscar qualquer investigação e dissimular as próprias responsabilidades. Para descobrir a verdade que está por trás é preciso, aliás, ultrapassar a «desinformação oficial». Quem não quer ver além é um ingênuo. «Sabemos que estamos sendo enganados», «sabemos que nos dizem só uma parte», «sabemos que nos escondem as coisas mais importantes».

O honesto cidadão ressabiado se dedica à informação alternativa, destina-se à incansável decifração da atualidade. Entra na pele do investigador incorruptível, do especialista íntegro, do heroico buscador da verdade. Assim esse novo Sherlock Holmes, capaz de resistir a qualquer bajulação, refratário a toda manipulação, aventura-se nos subterrâneos escuros do poder político e midiático. Abraça plenamente uma visão policialesca do mundo, espicha as orelhas, afina o olhar para não deixar fugir nenhum indício. Incorpora não só o detetive, mas também o economista, o virologista, o climatologista, o nutricionista, o historiador, o especialista em geopolítica, conhecedor de assuntos internacionais. Afinal de contas, «a competência não é nada mais que uma invenção das elites para calar a gente comum». E ele, claro, não cai na armadilha. É mais perspicaz, corajoso e lúcido do que os outros — pronto para denunciar sem pudores, e em voz alta, o «sistema», os «poderes fortes», a «Nova Ordem Mundial». De forma um tanto imodesta, confessa até a si mesmo a excitante sensação de pertencer a uma aristocracia iluminada. A vertigem narcisista do dissenso causa-lhe arrebatamento: sente-se investido de uma missão sagrada.

Procura a verdade contra tudo e todos, noite e dia. Na expectativa de rasgar o véu.

Entre sonhos e delírios de onisciência e onivigilância, nunca perde um programa de investigação, ama *noir* e tramas policiais, ficção de contratendência, reconstruções alternativas da história. Toma todos os cuidados para não ler os jornais do *mainstream*, para não ser manipulado, e logo chega na web para abrir um blog e ter um espaço próprio para publicar, sem tabus, documentos que deveriam permanecer em segredo, provas acachapantes daquilo de que se suspeitava. Tudo se soma. Os seguidores aumentam.

Só que esse suposto livre-pensador, que corre o risco somente do ridículo, muitas vezes acaba se revelando apenas um delator aparentemente inofensivo, que espalha boatos desmedidos, promove a caça às bruxas, endossa o circo midiático, inventa bodes expiatórios. Ele prefere remédios naturais à medicina oficial; sobre vacinas, sacode a cabeça. E obviamente diminui ou nega a Shoah. Pode chegar a promover verdadeiras campanhas de ódio, a ponto de colocar em risco a vida de outras pessoas.

Livre pensamento ou, antes, a sua versão caricatural? Esse conformista do anticonformismo quase sempre compartilha banalidades como se fossem teses comprovadas. O prazer da repetição faz dele um insaciável consumidor de complôs e microcomplôs — um consumo reconfortante, que, portanto, incentiva com sucesso. A sua dúvida metódica, que tem pouco a ver com Descartes, é uma postura estratégica. Acreditar em tudo e não acreditar em nada são dois lados da mesma moeda. Por trás da máscara do hipercético esconde-se o hipercrédulo. Como bem observou Marc Bloch: «O ceticismo como princípio não é uma postura intelectual mais apreciável nem mais fecunda do que a credulidade, com a qual, por outro lado, se combina facilmente em muitos espíritos simplórios».[59] O complotista está fechado em sua própria dúvida insuspeitada, que é o seu fundamento e a sua razão de ser. Mais que um espírito crítico, é um profeta árquico, mais que um herdeiro do credo iluminista, é um adepto do ocultismo justamente por aquela sua obsessão de querer rasgar o véu que esconde a verdade. E o ocultismo — como observou Adorno — é «a metafísica dos estúpidos».[60]

Isso não significa desaprovar ou refutar a transparência que, ao contrário, é uma exigência legítima e um valor transversal. Na época das conexões planetárias,

....

59 M. Bloch, *Apologia della storia o Mestiere di storico* [1949]. Turim: Einaudi, 2009, p. 62. Em português: *Apologia da história: Ou o ofício do historiador*. Tradução de André Telles. Rio de Janeiro: Jorge Zahar, 2001.

60 T. W. Adorno, *Minima moralia. Meditazioni sulla vita offesa* [1951]. Introdução e notas de L. Ceppa. Turim: Einaudi, 1994, p. 206. Em português: *Minima moralia: reflexões a partir da vida danificada*. Tradução de Luiz Eduardo Bica. São Paulo: Ática, 1993.

em que a confiança recíproca é colocada a dura prova, não há quem não aplauda a clareza, a inteligibilidade, a nitidez que deveriam permear as relações interpessoais assim como as relações econômicas, políticas e institucionais. É suficiente, por outro lado, considerar os excepcionais resultados atingidos nos últimos anos.

Em várias ocasiões, desde 2008, os *Swiss Leaks*, os *Panama* e os *Paradise Papers* trouxeram à tona a evasão fiscal e o obscuro tráfico do capital financeiro. Em 2010, a publicação de 91.000 documentos militares iluminou a guerra suja do Ocidente no Iraque e no Afeganistão, feita de mentiras e atrocidades. Para não falar dos dossiês secretos, divulgados em 2011, que revelaram aos olhos do mundo a monstruosidade jurídica e a vergonha humana no campo de Guantánamo. O incansável trabalho feito pelo «Consórcio Internacional dos Jornalistas Investigativos», a rede de repórteres e de meios de comunicação disseminada em quase todo o mundo, denunciou os cartéis das multinacionais, a lavagem de dinheiro e o narcotráfico das organizações criminosas, o contrabando das armas e toda espécie de crime humanitário. Mas, sobretudo, desmascarou a insuportável duplicidade dos políticos lançando a sombra da vergonha sobre todos aqueles que se aproveitam do bem comum para tirar vantagem própria.

Bem, então, abrir os palácios do poder aos cidadãos, a fim de que tudo fique acessível e visível. Sabe-se que o poder se envolve no manto do segredo, dissimula-se atrás do véu do mistério, tenta se refugiar na sombra do oculto. Bem-vindos sejam os ventos digitais da informação que sopram imparáveis nos cabos imateriais, dissipando as trevas, varrendo a obscuridade, iluminando todas as coisas.

Repórteres, ativistas, denunciantes, *whistleblowers* fizeram da transparência, ou melhor, como se diz no mundo anglófono, fizeram da *accountability*, a sua bandeira. Entre eles destaca-se Julian Assange, que, com o *WikiLeaks* e a publicação de milhões de dados até então sigilosos, provocou diversos efeitos. Para além do personagem, o cybermilitante anárquico e as suas emblemáticas escolhas existenciais e políticas, resta em aberto justamente a questão sobre a forma de compreender a informação.[61] A ideia subjacente é a de que o poder, na forma de governança mundial, seja um complô e que a única estratégia possível do contrapoder seja um contracomplô realizável por meio da denúncia à impostura e da revelação sistemática dos segredos das elites. Mas é difícil acreditar que, no longo prazo, essa espécie de contranegociação do povo surta os efeitos esperados. Não basta desocultar, tornar imediatamente disponíveis a todos informações e dados secretos que permanecem na maioria

---

61 Sobre a sua figura e suas escolhas, cf. D. Di Cesare, *Il tempo della rivolta*. Turim: Bollati Boringhieri, 2020, pp. 100 e seguintes.

das vezes descontextualizados e ilegíveis. O que fazer com eles? O perigo é assumir um meio importante de luta como o fim em si mesmo. Evidentemente, não é assim.

Uma visão maniqueísta da transparência pode produzir distorções. O que parece ter um potencial de emancipação revela-se um instrumento de controle. Quem vigia, descobre estar sendo vigiado. O cidadão que sonha com a iluminação total corre o risco de se sujeitar à suspeita permanente, submetido a um regime de visibilidade incontrolável, a uma vigilância panóptica, onde todos são entregues a uma inquisição.

Mover-se pelo diáfano palácio de cristal não é na verdade tão simples. Corre-se o risco de se chocar contra paredes invisíveis. A transparência engana. O sonho se torna um pesadelo. Mesmo os adeptos mais lúcidos e iluminados precisam reconhecer que a crença fiel no altíssimo céu da transparência — como chama atenção Vladimir Nabokov em sua obra-prima *Coisas transparentes* — não passa de uma ilusão.

Aos apóstolos zelosos da transparência absoluta é preciso contrapor, com Baruch Spinoza, o direito ao segredo (*Tractatus theologico-politicus*, xx). Na política, assim como na existência. Talvez seja esse o direito mais inquestionável na democracia.

Mas o mito da transparência pode ser prejudicial também para a visão simplista da verdade que veicula. Presume-se não haver qualquer mediação, imagina-se uma imediatez: o olho adere à imagem, o intelecto se ajusta ao real. O véu é rasgado. Seria possível então colher com a mão a Verdade objetiva, colocá-la no bolso, como se fosse uma posse exclusiva. O mundo real seria reproduzido, ou melhor, perfeitamente duplicado. Toda a mediação seria supérflua, ou ainda nociva.

Assim é posto em discussão, e já de saída contestado, o papel dos meios de comunicação. E é isso que de fato acontece: toda a imprensa é uma farsa, todos os canais são manipulados. É preciso então tomar cuidado com a mistificação, proteger-se do engodo, da deformação contínua da realidade, da persuasão oculta. Melhor migrar para a rede, acessar diretamente as fontes, formar uma opinião autônoma. Infelizmente, porém, justamente lá o engano e as manipulações estão à espreita.

O mesmo modo ingênuo de entender o poder afeta também a imprensa. Como se fosse realmente possível a imediatez, como se não fosse necessário sempre passar por uma mediação. Claro que as mídias não fornecem um acesso direto à realidade; se prometem fazer isso ou estão de má-fé ou se autoenganam. A mistificação existe quando passam despercebidas as fontes de financiamento e sobretudo quando se ostenta uma neutralidade que não pode existir.

Não existe uma única grande Verdade traída pelo relativismo pós-moderno, culpado pelas *fake news* que infestam a web. Como explicou bem Stanley Fish em um artigo seu no «New York Times», é pela ausência de uma mediação, de um filtro, que surgem as *fake news*.[62] Sem um contexto interpretativo, obtêm-se apenas «inúmeros tijolinhos (como Lego) que podem ser juntados em qualquer projeto imaginado por um engenheiro verbal esperto». Assim, a notícia que vem do blog de um adolescente seria, em sua imediatez, muito mais confiável. A desconfiança em relação aos principais jornais e às fontes credenciadas tem resultados desastrosos e ainda não bem examinados. Nasce da desagregação política da comunidade interpretativa e, por sua vez, contribui de modo determinante para a desagregação.

---

62 Cf. S. Fish, «'Transparency' is the Mother of Fake News», *The New York Times*, 7 de maio de 2018: https://www.nytimes.com/2018/05/07/opinion/transparency-fake-news.html

ELOGIO DA SUSPEITA

É possível tentar conter a morbidez complotista, que vai se propagando cada vez mais, com o remédio do espírito crítico? A resposta não é óbvia. Os livros, os ensaios, os artigos, que terminam — e são a grande maioria — com uma condenação inapelável do complotismo, não deixam no final de apontar o dedo contra a teoria crítica, o assim chamado «pós-modernismo», a desconstrução, a hermenêutica da suspeita e — por que não? — a própria suspeita.

Se as *fake news* circulam, se a pós-verdade domina, se pseudonotícias, informações enganosas, ou totalmente inventadas, são difundidas com facilidade é porque não se distingue mais o verdadeiro do falso. Tudo culpa de quem, seguindo Nietzsche ao pé da letra, achou que «não existem fatos, mas apenas interpretações».[63] Talvez sejam poupados Adorno, Horkheimer e a Escola de

---

63 F. Nietzsche, *La volontà di potenza* [1901], M. Ferraris e P. Kobau (org.). Milão: Bompiani, 1995, p. 481. Em português: *Vontade de potência*. Tradução, prefácio e notas de Mário Ferreira dos Santos. Petrópolis: Vozes de Bolso, 2017.

Frankfurt, os primeiros, aliás, que inauguraram uma reflexão sobre a propaganda, o totalitarismo, a personalidade autoritária. A atenção recai sobre o pensamento seguinte, para certos desenvolvimentos do marxismo, para a psicanálise, para a filosofia. *Human Science as Conspiracy Theory*: com esse título eloquente Martin Parker publicou um artigo em que o elo de cumplicidade já está estabelecido com todas as letras.[64] De forma mais ou menos subentendida, essa tese estará destinada a circular sobretudo no contexto anglo-americano, onde o «pós-modernismo» é contestado devido ao desencanto, à desconfiança, à perspectiva relativista que carregaria consigo. O complotismo seria em resumo o fruto doente, o resultado perverso daquele afastamento do «real» que caracteriza as narrativas pós-modernas.[65]

Mesmo em outros lugares essa ligação é retomada e lida em termos não apenas culturais, mas também políticos. Assim Bruno Latour ironiza a marca que acredita reconhecer nas «teorias do complô»: «Made in

---

64 M. Parker, *Human Science as Conspiracy Theory*, em J. Parish e M. Parker (orgs.), *The Age of Anxiety. Conspiracy Theory and the Human Sciences*. Oxford (UK)-Malden (MA): Blackwell, 2001, pp. 191-207.

65 Em parte, nessa direção vai também Fredric Jameson, embora com outros objetivos.

Criticalland», feito em Criticalândia.[66] Pode-se dizer que o livro de Boltanski, escrito em 2012, seja a tentativa não apenas de distinguir entre quem instrumentaliza um falso complô e quem denuncia um verdadeiro, mas também de defender a sociologia, que poderia ser tachada de complotismo.[67] O risco é o de calar toda crítica com uma acusação assim.

O nó da questão está certamente na suspeita e no bom uso da suspeita. Olhar com desconfiança, não acreditar na primeira versão dos fatos, interrogar-se sobre as fontes e sua suposta neutralidade, interpretar olhando para trás e para frente, é um indispensável exercício de exegese e julgamento. É fundamentalmente o que já ensina a crítica marxista do capitalismo.

Como é sabido, a suspeita é elevada a categoria filosófica ao longo do século xx, mais precisamente quando Paul Ricoeur, em 1965, introduz acerca de Marx, Nietzsche e Freud a feliz expressão: «hermenêutica da suspeita».[68] O que une esses três

---

66 B. Latour, «Why has Critique Run out of Steam? From Matters of Facts to Matters of Concern», *Critical Inquiry*, XXX, n. 2, 2004, p. 230.

67 Cf. Boltanski, *Énigmes et complots,* cit., p. 319.

68 P. Ricoeur, *Della interpretazione. Saggio su Freud* [1965]. Introdução de Domenico Jervolino. Milão: il Saggiatore, 2002, pp. 46-50. Em português: *Da interpretação:* ensaio sobre Freud. Tradução de Hilton Japiassu. Rio de Janeiro: Imago Editora, 1977.

mestres, aparentemente distantes entre si, é a «desmistificação» voltada não apenas ao objeto e àquilo que gostaria de se impor como «objetivo», a começar pela verdade, mas também, e ainda mais, ao sujeito. O filósofo cartesiano duvida de tudo, mas não da própria consciência, assumida, aliás, como fonte de certeza. Em vez disso, os três mestres, cada um segundo um registro diferente, insinuam a dúvida na fortaleza cartesiana. Não há imediatez nem mesmo para a consciência, que não percebe diretamente nenhum dado e, atravessada por uma inevitável estranheza, não pode deixar de se reconhecer como sempre condicionada, sugestionada, manipulada. São realmente seus os sonhos, as ilusões, as esperanças?

Tal questão é a premissa para uma crítica cada vez mais consistente e acurada do complexo dispositivo de poder, das suas repercussões microfísicas sobre o eu, sobre a relação com os outros, sobre o mundo. Menos ingenuidade, portanto, menos falsa consciência e inocência enganosa, mais astúcia, cautela, sagacidade: esta é a direção indicada pela «hermenêutica da suspeita». O que de modo algum significa, como alguns acreditaram ou acreditam, uma rejeição *a priori* da realidade, vertigem niilista de um eu dissolvido e dissoluto, pulverização da verdade que se desvanece em uma variedade de opiniões, todas válidas. Essa forma de difamar a hermenêutica, e no final das contas também a suspeita, é tendenciosa. Assume-a geralmente quem quer fazer acreditar que detém a posse exclusiva da Verdade verdadeira, aquela real e conformada aos fatos, e por isso se recusa a buscá-la comparando-a com outras. No mínimo, deve-se desconfiar dessas posições de pré-potência, às vezes toscas e ingênuas, outras vezes insidiosas e opressoras.

Hoje, mais do que nunca, a suspeita deve ser defendida e elogiada. O que não equivale a reificá-la, como acontece com a dúvida do hipercético, que acaba sendo um hipercrédulo. Praticar a suspeita ilimitada significa cair na espiral complotista do paradigma indiciário, na obsessão do indício tomado como prova, do vestígio entendido como confirmação. A existência se torna então uma investigação extenuante, sempre à espera de uma resposta definitiva, que poderia pôr fim às perguntas. Todos suspeitam de todos, desconfiam e temem, veem espiões e informantes em toda a parte, em um universo paranoico como aquele magistralmente descrito pelos escritores soviéticos. Que valha para todos o exemplo de Mikhail A. Bulgákov. Somente a delação parece ser a saída. Mas nessa lúcida e insone investigação não se desconfia da própria desconfiança, não se suspeita das próprias suspeitas.

Forçosamente elevada a dogma, a postulado inegociável, a princípio inapelável de vida, a suspeita torna-se a prisão em que o pretenso espírito livre se encarcera, entre uma má-fé desleal e uma credulidade ingênua. Não se pode, todavia, imputar isso à hermenêutica, à desconstrução ou à teoria crítica, que são, aliás, o antídoto para o complotismo.

Em vez disso, deve-se reconhecer que a suspeita hiperbólica, essa quebra de confiança recíproca pela qual, em uma competitividade extrema e implacável, cada um se sente vulnerável, exposto a todo infortúnio possível, sem poder contar com a ajuda dos outros, nasce da sociedade de mercado, da precarização generalizada, da incerteza difusa, da fobocracia sistemática, todo esse domínio do medo que caracteriza a governança neoliberal.

PARA ALÉM DO ANTICOMPLOTISMO

Chamar alguém de «complotista» certamente não significa elogiá-lo. Trata-se, aliás, de um rótulo estigmatizante, que pode funcionar como estratégia de exclusão, desqualificando o interlocutor e deslegitimando o dissenso.[69] A prova disso é que ninguém reivindicaria para si tal rótulo. A menos que nos antecipemos, negando para neutralizar qualquer acusação, como quando se diz: «Não sou um complotista, mas...». Afinal de contas, complotista é sempre o outro. Não se pode, portanto, discordar de Noam Chomsky, entre os primeiros a chamar a atenção para o abuso desse termo.[70] O tom depreciativo subentendido em «complotista» corrói a credibilidade do outro, ridicularizando um ponto de vista, e assim o afasta do espaço público, destituindo-o do reino do «discurso racional». É quase inútil

---

69 Cf. G. Husting e M. Ott, «Dangerous Machinery. 'Conspiracy Theorist' as a Transpersonal Strategy of Exclusion», *Symbolic Interaction*, XXX, n. 2, 2007, pp. 127-50.

70 Cfr. N. Chomsky, *Institutional Analysis vs Conspiracy Theory,* Blog. https://zcomm.org/zblogs/9-11-institutional-analysis-vs-conspiracy-theory-by-noam-chomsky/ [N. T.].

acrescentar que o estigma afeta quem está do outro lado da barricada e em geral é dirigido a quem, consciente ou não, arroga para si a «versão oficial».

Nesse ponto, geralmente se recorre aos critérios de verdade e falsidade assegurando-se a possibilidade de distingui-las mediante regras e princípios objetivos, a fim de evitar qualquer mal-entendido e qualquer controvérsia. Em tal sentido, muitos sustentam que as «teorias do complô» são chamadas assim porque se referem a complôs imaginários, que nunca existiram na realidade, apenas conjecturas ou mesmo invenções a partir do nada. Mais ou menos como as *fake news*. O exame dos fatos torna-se aqui fundamental. A réplica deveria eliminar qualquer dúvida e calar inclusive os complotistas mais inveterados, que denunciam obstinadamente a «versão oficial». Mas as coisas não acontecem assim — e não apenas por essa sua obstinação.

Nem sempre é fácil separar o verdadeiro e o falso. E onde prevalecem as ambiguidades, os pontos controversos, quem toma a última decisão? Quem decide se o complô é falso ou real? Quem tem mais voz sobre o argumento? Ou mais poder? Até porque os casos incertos são bem mais numerosos do que se supõe. Entre o caso Watergate e o acidente de Roswell, lugar em que estariam escondidos os corpos de extraterrestres após a queda de um disco voador, existe uma vasta gama de complôs, menos ou mais reais, menos ou mais imaginários. Frequentemente a História, no longo prazo, desmente hipóteses e julgamentos; a verdade que vem à tona pode derrubar completamente vereditos apressados demais. Isso sem contar o complexo jogo de espelhos, no qual os pseudocomplôs recobrem os reais, como nos processos pedidos por Stalin, entre 1936 e 1938, contra Trotsky e outros. Nem se pode esquecer de que os complôs fictícios tiveram, não raramente, efeitos muito concretos e, aliás, devastadores.[71]

Se existem complotistas é porque existem complôs. Um caso marcante é aquele que aconteceu no dia seguinte ao 11 de setembro de 2001, quando a mais prestigiada democracia do mundo, para legitimar a própria intervenção no Iraque, de todo modo ilegítima, declarou que Saddam Hussein possuía «armas de destruição em massa» e tentou até juntar provas e documentos. Aquela era a «palavra oficial» da administração americana, contestada e desmentida logo em seguida pela falta de qualquer veracidade. Diante de exemplos desse tipo, como discordar de quem suspeita da sagacidade dos poderosos que, enquanto cobrem cuidadosamente o próprio

---

71 Cf. C. Ginzburg, *Il filo e le tracce. Vero, falso, finto.* Milão: Feltrinelli, 2006, pp. 301 e seguintes. Em português: *O fio e os rastros:* verdadeiro, falso, fictício. Tradução de Rosa Freire Aguiar e Eduardo Brandão. São Paulo: Companhia das Letras, 2007.

descaramento, impõem aos outros o rótulo de «complotistas»?

Nos países democráticos, onde a transparência deveria ter dissipado a sombra dos *arcana imperii*, o que se viu muitas vezes foi o contrário. A influência dos serviços secretos, juntamente com a inépcia e o fracasso da justiça, impediu que fossem esclarecidos aspectos obscuros e desconcertantes. A assim chamada «questão de Estado» tornou-se com frequência o túmulo da verdade. Símbolo de tudo isso é o contexto italiano que, a partir dos anos 1960, foi marcado por tramas golpistas, descaminhos dos serviços secretos, conluio dos aparelhos de Estado com a máfia, violências e bombas neofascistas.[72] Ainda hoje tais acontecimentos são em grande parte envoltos pelo mistério. E, como que para adensar o nevoeiro, tramas complotistas são aventadas por trás das ações das Brigadas vermelhas com o objetivo não muito secreto de desqualificá-las. Mas é evidente também a intenção de redimensionar a grande revolta que ocorreu à esquerda, talvez a mais importante no mundo ocidental do pós-guerra, uma revolta que, se em alguns lugares degenerou em luta armada, no seu conjunto gozou de amplo consenso. O que devem pensar

---

72 Sobre esse ambiente, cf. C. Ginzburg, *Il giudice e lo storico. Considerazioni in margine al processo Sofri* [1991], 2ª. ed. Macerata: Quodlibet, 2020.

então os cidadãos da democracia que vivem sob a luz de tal passado? Que confiança nas instituições e que relação com o poder? Tudo isso provavelmente não alimenta o complotismo?

Em um breve ensaio literário, onde aflora a sua notória verve irônica, o escritor Mordecai Richler dá voz a um interlocutor: «O problema das teorias do complô é que muitas delas se revelaram verdadeiras. Por anos zombei de meus amigos de esquerda, que sustentavam a ideia de que os telefones eram controlados, ou que Nixon era um delinquente, e agora, olha só, descobre-se que tinham razão».[73]

Reduzir o complotismo a um fenômeno patológico, a um desvio que viola a norma da verdade estabelecida, é totalmente contraproducente e, mais, desencadeia o mecanismo perverso de uma espiral infinita. O especialista chamado para contestar, com dados e tabelas, o contraespecialista da vez, aumenta as desconfianças dele, aguça-lhe o ceticismo e o ressentimento. Eis por que o anticomplotismo ordinário é um bumerangue que serve apenas para aprofundar a fratura entre bem-pensantes e mal-pensantes. É inevitável, então, supor que os primeiros, isto é, aqueles que enxergam apenas disparates e mentiras, quando se trata de poderes

---

73 M. Richler, *Un mondo di cospiratori* [1990]. Milão: Adelphi, 2007, pp. 29-58, p. 57 [tradução modificada].

constituídos, tomem partido deles e façam, portanto, sua defesa. O que é uma prova a mais para quem desconfia.

Por outro lado, a denúncia de complotismo é um instrumento de poder e parece evidente que, nas últimas décadas, o Estado tem recorrido a ele de modo cada vez mais refinado. Como acontece, aliás, também com o terrorismo, o Estado não tem o monopólio da acusação legítima. E não pode tachar os outros de terroristas ou complotistas. A menos que queira criminalizar o dissenso, desconsiderar a crítica e despolitizar qualquer debate.

Até os anticomplotistas se revelam obcecados pelo complô — já pelo fato de que acreditam ver em tudo a grande sombra dos complotistas. Que isso acontece justamente com os poderosos, com aqueles que estão imersos na engrenagem do poder, nos seus jogos, nos seus estratagemas, é o que percebeu corretamente Frédéric Lordon.[74] De lá lançam então suas cruzadas anticomplotistas contra as *fake news* dos outros, as falsas informações dos dissidentes, as fábulas da paranoia popular.

Todavia, se a denúncia policialesca se desqualifica por si só, não é com a epidemia de mil verdades alternativas que se contesta

---

74 F. Lordon, «Le complotisme de l'anticomplotisme», *Le Monde diplomatique*, outubro de 2017: https://www.monde-diplomatique. fr/2017/10/LORDON/57960

o poder. Isso significa, aliás, permanecer na engrenagem e impulsioná-la adiante. Dito de outra forma: devotar-se à impotência.

Justamente porque o complotismo é uma arma de despolitização em massa, faz-se necessária uma reflexão política que contribua para abandonar esse esquema explicativo totalizante. Como sempre, compreender não é justificar, e não comporta, portanto, nenhuma indulgência.

Não se pode, porém, ignorar que o complotismo nasce do medo e do isolamento do cidadão que se sente excluído do espaço público. Onde a *pólis* se tornou inacessível, onde a comunidade interpretativa está fragmentada, fragmenta-se também a verdade comum e vagueia o espectro do complô.

BIBLIOGRAFIA

Barkun, M. *A Culture of Conspiracy. Apocalyptic Visions in Contemporary America.* Berkeley-Los Angeles: University of California Press, 2003.

Berger, J. M. *Extremism.* Cambridge (MA)-Londres: The MIT Press, 2018.

Bratich, J. Z. *Conspiracy Panics. Political Rationality and Popular Culture.* Albany (NY): State University of New York Press, 2008.

Brayard, F. *Auschwitz. Enquête sur un complot nazi.* Paris: Seuil, 2012.

Butter, M. *«Nichts ist wie es scheint». Über Verschwörungs-theorien.* Frankfurt am Main: Suhrkamp, 2018.

Butter, M. e Knight P. (orgs.). *Routledge Handbook of Conspiracy Theories.* Londres-NovaYork: Routledge, 2020.

Byford, J., *Conspiracy Theories. A Critical Introduction* [2011]. Nova York: Palgrave Macmillan, 2015.

Cassam, Q. *Conspiracy Theories*. Cambridge: Polity Press, 2019.

Campi, A. e Varasano, L. *Congiure e complotti. Da Machiavelli a Beppe Grillo*. Soveria Mannelli: Rubbettino, 2016.

Coady, D. (org.). *Conspiracy Theories. The Philosophical Debate* [2006]. Aldershot: Ashgate, 2019.

Cueille, J. *Le symptôme complotiste. Aux marges de la culture hypermoderne*. Toulouse: Erès, 2020.

Danblon, E. e Nicolas, L. (orgs.). *Les rhétoriques de la conspiration*. Paris: Cnrs, 2010.

Dard, O. *La synarchie. Le mythe du complot permanent*. Paris: Perrin, 1998.

Dentith, M.R.X. *The Philosophy of Conspiracy Theories*. Londres: Palgrave Macmillan, 2014.

Dentith, M.R.X. (org.). *Taking Conspiracy Theories Seriously*. Lanham (MD): Rowman & Littlefield, 2018.

Dieguez, S. *Total Bullshit! Au cœur de la post-vérité*. Paris: Puf, 2018.

Fenster, M. *Conspiracy Theories. Secrecy and Power in American Culture*. Minneapolis-Londres: University of Minnesota Press, 1999.

Goldberg, R.A. *Enemies Within. The Culture of Conspiracy in Modern America.* New Haven (CT)-Londres: Yale University Press, 2001.

Gray, M. *Conspiracy Theories in the Arab World. Sources and Politics.* Londres-Nova York: Routledge, 2010.

Knight, P. (org.). *Conspiracy Nation. The Politics of Paranoia in Postwar America.* Nova York-Londres: New York University Press, 2002.

Landes, R. e Katz, S. T. (orgs.). *The Paranoid Apocalypse. A Hundred-Year Retrospective on the Protocols of the Enders of Zion.* Nova York-Londres: New York University Press, 2012.

Moscovici, S. *The Conspiracy Mentality*, em Graumann, C.F. e Id. (orgs.), *Changing Conceptions of Conspiracy.* Nova York-Berlim: Springer, 1987, pp. 151-69.

Pipes, D. *Il lato oscuro della storia. L'ossessione del grande complotto.* Turim: Lindau, 2005 [edição original *Conspiracy. How the Paranoid Style Flourishes and Where It Comes From.* Nova York: Free Press, 1997].

Reichstadt, R., Igounet, V. e Debono, F. *Complotisme et négationnisme. Un panorama.* Observatoire du conspirationnisme, relatório de 2018, abril de 2019.

Reichstadt, R. *L'opium des imbéciles. Essai sur la question complotiste.* Paris: Grasset, 2019.

Renard, J.-B. «*Les rumeurs négatrices*», *Diogène*, n. 213, 2006/I, pp. 54-73.

Reinhalter, H. (org.). *Handbuch der Verschwörungstheorien.* Leipzig: Salier, 2018.

Sunstein, C. R. *Conspiracy Theories and Other Dangerous Ideas.* Nova York: Simon & Schuster, 2014.

Taguieff, P.-A. *Court traité de complotologie,* seguido de *Le «Complot judéo-maçonnique»: fabrication d'un mythe apocalyptique moderne.* Paris: Fayard, 2013.

Taguieff, P.-A. *Hitler, les «Protocoles des Sages de Sion» et «Mein Kampf». Antisémitisme apocalyptique et conspirationnisme.* Paris: Puf, 2020.

Taguieff, A. *Les théories du complot.* Paris: Que sais-je?, 2021.

Taïeb, E. «Logiques politiques du conspirationnisme», *Sociologie et sociétés,* XLII, n. 2, 2010, pp. 265-89.

Uscinski, J. E. *Conspiracy Theories. A Primer.* Lanham (MD)-Londres: Rowman & Littlefield, 2020.

Uscinski, J. E. (org.). *Conspiracy Theories and The People Who Believe Them.* Oxford-Nova York: Oxford University Press, 2018.

Wu Ming 1. *La Q di Qomplotto. QAnon e dintorni. Come le fantasie di complotto difendono il sistema.* Roma: Alegre, 2021.

Biblioteca Âyiné

1 Por que o liberalismo fracassou?
   Patrick J. Deneen
2 Contra o ódio
   Carolin Emcke
3 Reflexões sobre as causas da liberdade
   e da opressão social
   Simone Weil
4 Onde foram parar os intelectuais?
   Enzo Traverso
5 A língua de Trump
   Bérengère Viennot
6 O liberalismo em retirada
   Edward Luce
7 A voz da educação liberal
   Michael Oakeshott
8 Pela supressão dos partidos políticos
   Simone Weil
9 Direita e esquerda na literatura
   Alfonso Berardinelli
10 Diagnóstico e destino
   Vittorio Lingiardi
11 A piada judaica
   Devorah Baum
12 A política do impossível
   Stig Dagerman
13 Confissões de um herético
   Roger Scruton
14 Contra Sainte-Beuve
   Marcel Proust
15 Pró ou contra a bomba atômica
   Elsa Morante
16 Que paraíso é esse?
   Francesca Borri
17 Sobre a França
   Emil Cioran
18 A matemática é política
   Chiara Valerio
19 Em defesa do fervor
   Adam Zagajewski
20 Aqueles que queimam livros
   George Steiner
21 Instruções para se tornar um fascista
   Michela Murgia
22 Ler e escrever
   V. S. Naipaul
23 Instruções para os criados
   Jonathan Swift
24 Pensamentos
   Giacomo Leopardi
25 O poeta e o tempo
   Marina Tsvetáeva
26 O complô no poder
   Donatella Di Cesare

Composto em Baskerville e Helvetica
Belo Horizonte, 2022